新时代中国乡村振兴战略丛书　主编　顾保国　崔友平

农家书屋
NONG JIA SHU WU

生态振兴

建设新时代的美丽乡村

渠涛　邵波◎编著

中原农民出版社
·郑州·

图书在版编目（CIP）数据

生态振兴 ：建设新时代的美丽乡村 / 渠涛，邵波编著．
—郑州：中原农民出版社，2019.10（2020.11 重印）
（新时代中国乡村振兴战略丛书 / 顾保国，崔友平主编）
ISBN 978-7-5542-2105-1

Ⅰ．①生… Ⅱ．①渠… ②邵… Ⅲ．①农村－生态环境建设－研究－中国 Ⅳ．① F320.3 ② X321.2

中国版本图书馆 CIP 数据核字（2020）第 230636 号

生态振兴：建设新时代的美丽乡村

总 策 划	刘宏伟 朱文平
策划编辑	朱相师 丁 璞
责任编辑	张晓冰
责任校对	尹春霞
装帧设计	薛 莲 张 敏 柳淑燕

出 版	中原农民出版社		
发 行	北京华景时代文化传媒有限公司		
地 址	郑州市郑东新区祥盛街27号	**邮 编**	450016
发行单位	全国新华书店	**电 话**	0371—65788655
承印单位	新乡市龙泉印务有限公司		

开 本	690mm × 980mm 1/16		
印 张	16		
字 数	180千字		
版 次	2019年10月第1版	**印 次**	2020年11月第2次印刷

书 号	ISBN 978-7-5542-2105-1	**定 价**	48.00元

总　序

实现中华民族伟大复兴的题中应有之义

党的十九大提出实施乡村振兴战略，是以习近平同志为核心的党中央着眼党和国家事业全局，深刻把握现代化建设规律和城乡关系变化特征，顺应亿万农民对美好生活的向往，对“三农”工作作出的重大决策部署，是决胜全面建成小康社会、全面建设社会主义现代化强国的重大历史任务，是新时代做好“三农”工作的总抓手。

习近平总书记在十九届中央政治局第八次集体学习时强调指出：乡村振兴战略是党的十九大提出的一项重大战略，是关系全面建设社会主义现代化国家的全局性、历史性任务，是新时代“三农”工作总抓手。农业农村现代化是实施乡村振兴战略的总目标，坚持农业农村优先发展是总方针，产业兴旺、生态宜居、乡风文明、治理有效、生活富裕是总要求，建立健全城乡融合发展体制机制和政策体系是制度保障。这从全面建设社会主义现代化强国的高度指出了实施乡村振兴战略的重要意义和科学内涵，明确了推进农业农村现代化的思路、方向和着力点，为我们牢牢把握农业农村现代化这个总目标、准确理解农业农村现代化的时代要求提供了根本遵循和行动指南。同时，按照全面建成小康社会和“两个一百年”奋斗目标的战略规划，中共中央、国务院印发了《乡村振兴战略规划（2018—2022年）》，对乡村振兴战略的实施给予具体指导。乡村振兴战略要求高、时间紧、任务重，迫切需要地方各级党委和政府以时不我待、只争朝夕的精神，以真抓实干、力求实效的作风，推动乡村振兴战略取得切实有效进展。

在推进乡村振兴战略中，发挥省市县乡村五级书记以及乡村振兴其他管理干部的作用尤为关键，他们迫切需要对乡村振兴战略的重大理论和实践问题进行全面学习。为此，我们专门组织编写了“新时代中国乡村振兴战略丛书”，以问题为导向，深层次、全方位地阐发乡村振兴战略的实施原则、实施模式、实现路径，希望为省市县乡村管理干部提供政策分析、管理方法、实施方案等内容，推动各级管理干部能够以更坚定的自信、更丰富的知识、更饱满的精神、更踏实的作风、更有效的举措，扎扎实实在乡村振兴战略中作出新的更大贡献。

“新时代中国乡村振兴战略丛书”涵盖了与乡村振兴相关的产业振兴、人才振兴、文化振兴、生态振兴、组织振兴，同时又涵盖了具体实施举措中的七方面内在要求，包括重塑城乡关系、巩固和完善农村基本经营制度、深化农业供给侧结构性改革、坚持人与自然和谐共生、传承发展提升农耕文明、创新乡村治理体系、打好精准脱贫攻坚战。本套丛书共12册，主要内容有：

一、《产业振兴：绿色安全、优质高效的乡村产业体系建设》

产业振兴是乡村振兴的物质基础。产业兴，则经济兴、农村兴。本书分析指出，乡村产业振兴，就是要形成绿色安全、优质高效的乡村产业体系，为农民持续增收提供坚实的产业支撑；要坚守耕地红线，严格划定和永久保护基本农田，建立完善农业生态补偿制度，始终绷紧国家粮食安全这根弦；要实施质量兴农、绿色兴农、品牌兴农战略，大力发展现代高效绿色农业，加快转变农业生产方式，提高农业供给体系的质量和效益，全面推进农业农村现代化；要充分挖掘和拓展农业的多维功能，促进农业产业链条延伸以及农业与工业、现代物流、文化创意、旅游观光、电商的深度融合，推动农村一二三产业融合发展。

二、《人才振兴：构建满足乡村振兴需要的人才体系》

人才振兴是乡村振兴的关键因素。实现乡村全面振兴，人是最关键、最活跃、起决定性作用的因素。乡村人才振兴的关键，就是要让更多人才愿意来、留得住、干得好、能出彩。本书分析指出，要创造有利于各类人才成长和发挥作用的良好环境，要有一个良好的制度安排，把现有农村各类人才稳定好、利用好，充分发挥现有人才的作用；要积极创造条件，鼓励城市企业家、高校毕业生和各类人才到乡村创新创业，大力支持“城归”群体和外出农民工回乡创业就业；整合社会力量开展农村人才培养，切实做好农村干部、农民企业家、新型农业经营主体和农民的培训工作。

三、《文化振兴：夯实乡村振兴的精神基础》

文化振兴是乡村振兴的精神基础。如果文化衰败，不文明乱象滋生，乡村就难以获得持续繁荣。本书分析指出，促进乡村全面振兴，必须坚持物质文明和精神文明一起抓，以社会主义核心价值观为引领，加强村风民俗和乡村道德建设，倡导科学文明健康的生活方式，传承发展农村优秀传统文化，健全农村公共文化服务体系，培育文明乡风、良好家风、淳朴民风，促进农耕文明与现代文明有机结合，实现乡村文化振兴。同时，还强调要保护好传统村落、民族村寨、传统建筑，用心留住文化记忆，将乡村文化融入乡村规划、景观设计和村庄建设之中，充分体现村庄特色和乡土风情。

四、《生态振兴：建设新时代的美丽乡村》

生态振兴是乡村振兴的重要支撑。本书分析指出，乡村生态振兴，要实现农业农村绿色发展，打造山清水秀的田园风光，建设生态宜居的人居环境；要全面改善农村人居环境，建设功能完备、服务配套、美丽宜居的新乡村；要加强农村生态建设和环境综合治理，尤其要加大农村面源污染、垃圾污水治理力度，推进农村“厕所革命”；要实施化肥、农药使用减量行动计划，采取总量控制与强度控制相结合的办法，推动化肥、农药等使用总量和强度实现持续快速下降。

五、《组织振兴：构建新时代乡村治理体系》

组织振兴是乡村振兴的保障条件。乡村组织振兴，就是要培养造就一批坚强的农村基层党组织和优秀的农村基层党组织书记，建立更加有效、充满活力的乡村治理新机制。本书分析指出，要着力加强党在基层的领导力量，打造千千万万个坚强的农村基层党组织，培养千千万万名优秀的农村基层党组织书记；要建立符合中国国情、更加完善有效、多元共治的新型乡村治理体系；要进一步深化村民自治实践，强化信息公开和村民参与，全面推进基层民主治理和依法治理，促进治理方式和手段多元化，因地制宜探索各具特色的治理模式；要将自治、法治与德治相结合，走乡村善治之路，确保乡村社会充满活力、安定有序。

六、《城乡融合发展之路：重塑城乡关系》

重塑城乡关系，必须走城乡融合发展之路。本书分析指出，要把公共基础设施建设的重点放在农村，逐步建立健全全民覆盖、普惠共享、城乡一体的基本公共服务体系；要坚决破除体制机制弊端，疏通资本、智力、技术、管理下乡渠道，加快形成工农互促、城乡互补、全面融合、共同繁荣的新型工农城乡关系。

七、《共同富裕之路：巩固和完善农村基本经营制度》

实施乡村振兴战略，必须巩固和完善农村基本经营制度，走共同富裕之路。本书分析指出，要坚持农村土地集体所有，坚持家庭经营基础性地位，落实农村土地承包关系稳定并长久不变政策，衔接落实好第二轮土地承包到期后再延长 30 年的政策，让农民吃上长效“定心丸”。巩固的内容主要有两点，一是农村土地集体所有，二是家庭承包经营，这两点是不变的，党的十九大也已经确定了承包地延包 30 年。但是随着现代农业的快速发展，农村的基本经营制度也需要完善，规模农业、土地托管也成为一种趋势。因此，出现了土地所有权、承包权、经营权“三权”分置的情况，让农村的土地经营权可以流转、抵押、贷款等，未来的政策会进一步释放农村土地的活力。

八、《质量兴农之路：深化农业供给侧结构性改革》

实施乡村振兴战略，必须深化农业供给侧结构性改革，走质量兴农之路。本书分析指出，要顺应农业发展主要矛盾变化，深入推进农业供给侧结构性改革，加快推进农业由增产导向转向提质导向，加快实现由农业大国向农业强国转变；要推进农村一二三产业融合发展，让农村新产业新业态成为农民增收新亮点、城镇居民休憩新去处、农耕文明传承新载体。

九、《乡村绿色发展之路：坚持人与自然和谐共生》

实施乡村振兴战略，必须坚持人与自然和谐共生，走乡村绿色发展之路。本书分析指出，要以绿色发展引领生态振兴，处理好经济发展和生态环境保护的关系，守住生态红线；要统筹山水林田湖草系统治理，加强农村突出环境问题综合治理，建立市场化多元化生态补偿机制，增加农业生态产品和服务供给。

十、《乡村文化兴盛之路：传承发展提升农耕文明》

实施乡村振兴战略，要传承发展提升农耕文明，走乡村文化兴盛之路。本书分析指出，要深入挖掘、继承、创新优秀传统乡土文化，把保护传承和开发利用有机结合起来，让优秀农耕文明在新时代展现其魅力和风采。在乡村的环境上，要加大整治力度，打造宜居宜人的农村生活环境。在一二三产业融合上，利用农村特有的优势，打造生态产业，打造集循环农业、创意农业、农事体验于一体的田园综合体，打造乡村休闲旅游产业等。

十一、《乡村善治之路：创新乡村治理体系》

实施乡村振兴战略，要创新乡村治理体系，走乡村善治之路。本书分析指出，要建立健全党委领导、政府负责、社会协同、公众参与、法治保障、科技支撑的现代乡村社会治理体制，健全党组织领导的自治、法治、德治相结合的乡村治理体系；要造就一支懂农业、爱农村、爱农民的“三农”工作队伍。

十二、《中国特色减贫之路：打好精准脱贫攻坚战》

实施乡村振兴战略，要打好精准脱贫攻坚战，走中国特色减贫之路。本书分析指出，脱贫攻坚进入啃硬骨头的决战决胜阶段，要把提高脱贫质量放在首位，注重扶贫与扶志扶智相结合，瞄准贫困人口精准帮扶，聚焦深度贫困地区集中发力，激发贫困人口内生动力；扶贫强调“精准”

二字，要通过产业扶持、生态补偿、易地搬迁、发展教育、社会保障等方式，确实保障全面建成小康社会一个人都不能掉队。

以上 12 本书在内容上涵盖了实施乡村振兴战略的重大理论与实践问题。丛书的撰写会聚了国内相关领域的权威专家和学者，历时一年多的时间完成初稿，并经专家委员会论证、修改、完善，最后由中原农民出版社审定出版。在丛书的撰写和完善过程中，我们牢牢把握丛书主要是面向省市县乡村五级书记以及乡村振兴其他管理干部、乡村振兴战略研究者等，内容力求通俗易懂。同时，以在乡村振兴战略实施过程中涌现出来的典型为基础，采用纪实文学的创作模式，构建乡村振兴战略典型模式，为读者提供具有实践意义的指导。在具体的结构上，文字叙述中穿插大量的结构化、模块化图文，在章节中设置了知识链接、专家观点、典型案例、延伸阅读、深度思考等板块。可以说，这套丛书对省市县乡村五级书记和乡村振兴其他管理干部全面了解乡村振兴战略具有很好的学习参考价值。

作为党刊理论工作者，我深深地为中华民族实现从站起来到富起来再到强起来的伟大飞跃而倍感自豪；深深地为中国共产党人“不忘初心、牢记使命”，正确处理工农关系、城乡关系而倍感骄傲；深深地为以习近平同志为核心的党中央提出实施乡村振兴战略带领亿万中国农民走向共同富裕而倍感荣光。作为丛书主编，我对参与本书策划、撰稿、出版的各位专家领导表示深深的感谢，感谢他们为实施乡村振兴战略贡献智慧和力量。同时，由于时间紧张，对实施乡村振兴战略的理论问题研究还有待进一步深入，案例还有待进一步总结凝练，也请各位读者多多包涵。我们将在今后继续努力，力求为实施乡村振兴战略推出更多有实践指导价值的研究成果。

习近平总书记指出：中国要强，农业必须强；中国要美，农村必须美；中国要富，农民必须富。没有农业农村现代化，就没有整个国家现代化以及把乡村振兴战略作为新时代“三农”工作总抓手。全面建成小康社会、建设社会主义现代化强国，一步也不能离开乡村振兴。没有乡村振兴，就没有中华民族的伟大复兴。让我们一同携起手来，为实现中华民族伟大复兴而全面推进乡村振兴！

红旗文稿杂志社社长　顾保国

2019 年 8 月

前 言

实施乡村振兴战略，要坚持人与自然和谐共生，树立和践行绿水青山就是金山银山的理念，坚持节约优先、保护优先、自然恢复为主的方针，统筹山水林田湖草系统治理，严守生态保护红线，以绿色发展引领乡村振兴。

一、绿色发展理念已深入人心

准确把握习近平生态文明思想的丰富内涵和精神实质，无论是“人与自然和谐共生”，还是“绿水青山就是金山银山”；无论是“良好生态环境是最普惠的民生福祉”，还是“山水林田湖草是生命共同体”，都为新时代推进生态文明建设指明了方向。

（一）人与自然和谐共生

人类和生态环境是有机的整体，人与自然具有统一性和同构性，人与自然的关系是一种有机关系、共生关系。“人”和“山水林田湖草”就是一个有机整体，是一个由人类和其他生命体、非生命体以及其所在的环境共同构成的“生命共同体”。习近平总书记曾对这个生命共同体有过精彩阐释，“如果破坏了山、砍光了林，也就破坏了水，山就变成了秃山，水就变成了洪水，泥沙俱下，地就变成了没有养分的不毛之地，水土流失、沟壑纵横”。

人与自然的辩证关系是人类发展的永恒主题。人因自然而生，人类发展活动必须尊重自然、顺应自然、保护自然，否则就会遭到大自然的报复，对自然的伤害最终会伤及人类自身，这个规律谁也无法抗拒。因此，人与自然是一个生态系统，是一个生命共同体，人类的环境权利既不能游离于人体之外，又不能脱离自然而独立存在，必须依托于人与自然共同存在。而生存环境问题是人类生命共同体建设的基本问题，只有解决好生态环境问题才能稳固人类生命共同体的基础。

坚持人与自然和谐共生，体现了对人与自然关系的深刻把握，是对中华传统古老生态哲学智慧的继承和发扬。《荀子·天论》中有言：“应之以治则吉，应之以乱则凶。”中国古代的“天人合一”等主张，本质就是将天、地、人作为和谐的整体来看待，强调在保护自然资源基础上进行人类开发活动，实现人与自然的和谐相处。尊重自然、顺应自然、保护自然，习近平总书记对待生态问题和谐平衡的思想，正是根植于生生不息的中华文明中。

坚持人与自然和谐共生，更是对马克思主义自然观和唯物辩证法的丰富和发展。“坚持人与自然和谐共生”是习近平新时代中国特色社会主义思想的重要组成部分，为我们在新时代如何推进生态文明建设指明了方向，明确了行动指南。我们要建设的生态文明，是同社会主义紧密联系在一起的，两者内在统一、相互促进。坚持和发展中国特色社会主义必须坚持人与自然和谐共生。党的十八届五中全会提出：“坚持绿色发展，必须坚持节约资源和保护环境的基本国策，坚持可持续发展，坚定生产发展、生活富裕、生态良好的文明发展道路，加快建设资源节约型、环境友好型社会，形成人与自然和谐发展现代化建设新格局，推进美丽中国建设，为全球生态安全作出新贡献。”党的十九大将“坚持人与自然和谐共生”确立为新时代坚持和发展中国特色社会主义的基本方略之一。坚持和发展这一方略，就是要在尊重人与自然有机联系、协同进化的前提下，坚持走生产发展、生活富裕、生态良好的文明发展道路。这一方略概括和提升了绿色发展的意蕴和境界。绿色发展就其要义来讲就是要解决好人与自然和谐共生问题。

然而人与自然和谐共生不是短期内的权宜之计，良好生态环境的建设绝不是一日之功。“建设生态文明是中华民族永续发展的千年大计”，彰显了中国共产党坚持以人民为中心的发展思想和实现中华民族永续发展的历史担当。中国特色社会主义进入新时代，坚持人与自然和谐共生的基本方略，就是要将满足人民群众对美好生态环境需要作为发展的出发点和落脚点之一。2018 年春天，习近平总书记在参加首都义务植树活动时强调，我们既要着力美化环境，又要让人民群众舒适地生活在其中，同美好环境融为一体。

生态环境保护功在当代、福泽子孙。在全面建设社会主义现代化强国新征程上，建设生态文明和美丽中国已经按下“快进键”。这项长远之计考验我们的治理智慧和发展能力，需要我们牢固树立社会主义生态文明观，处理好发展过程中人与自然的关系，不断转变思想、创新理念，面对问题科学施策，并持之以恒付诸行动，建设人与自然和谐共生的现代化，推动形成人与自然和谐发展现代化建设新格局，实现以生态文明促进高质量发展。

（二）绿水青山就是金山银山

绿水青山即生态环境，是生产力的基础要素。生产力既取决于资本和劳动等生产要素，取决于科学技术，也取决于生态环境。金山银山与绿水青山的矛盾集中表现为人口经济与资源环境的矛盾。宇宙系统和科技进步具有无限性，地球上的资源环境在一定时空条件下却是有限的。因此，必须在人口经济与资源环境之间维持一种必要张力，尤其是必须考虑到各种要素的空间均衡问题。

2005 年 8 月 15 日，习近平同志在浙江省安吉县天荒坪镇余村考察时，首次提出“绿水青山就是金山银山”。一周后，习近平同志在《浙江日报》“之江新语”发表评论指出：生态环境优势转化为生态农业、生态工业、生态旅游等生态经济的优势，那么绿水青山也就变成了金山银山。“绿水青山就是金山银山”的理念，一头是人类赖以生存的自然环境，另一头牵着财富生产；一头连着生态环境，另一头是人类活动的产物。揭示了生态环境与生产力之间的辩证统一关系，突破了把保护生态与发展生产力对立起来的僵化思维，内含了保护、改善与建设生态环境和保护与发展生产力的有机统一。在这里，“金山银山”是指基础设施健全、居民生活保障有效、人与自然和谐相处的“既宜居又生态”的乡村环境，而不是片面地将其理解为能挣多少钱。这样的“金山银山”与“绿水青山”才是相吻合的。

“绿水青山就是金山银山”的理念丰富了马克思主义生产力理论，形成了极富中国特色的生态环境生产力理论。习近平总书记关于绿水青山就是金山银山的辩证论是生态环境生产力理论生动、朴实和富含哲理的印证。“绿水青山可以源源不断地带来金山银山，绿水青山本身就是金山银山，我们种的常青树就是摇钱树，生态优势变成经济优势。”“如果能够把这些生态环境优势转化为生态农业、生态工业、生态旅游等生态经济的优势，那么绿水青山也就变成了金山银山。”当然，绿水青山和金山银山之间也有矛盾，绿水青山是真正的金不换，“绿水青山可带来金山银山，但金山银山却买不到绿水青山”。

保护生态环境就是保护生产力，改善生态环境就是发展生产力。2014 年 3 月 7 日，习近平总书记在参加贵州团审议时强调，“保护生态环境就是保护生产力，绿水青山和金山银山绝不是对立的，关键在人，关键在思路”。良好的生态环境不仅直接提供生态产品，而且影响和决定着创造社会财富的能力。保护生态环境就是留住发展后劲，破坏生态环境就是自断发展前途。2013 年 5 月 24 日，习近平总书记在十八届中央政治局第六次集体学习时强调：牢固树立保护生态环境就是保护生产力、改善生态环境就是发展生产力的理念，更加自觉地推动绿色发展、循环发展、低碳发展，决不以牺牲环境为代价去换取一时的经济增长。在 2019 年中国北京世界园艺博览会开幕式上，习近平总书记指出：良好生态本身蕴含着无穷的经济价值，能够源源不断创造综合效益，实现经济社会可持续发展。这些论述将生态环境保护与改善置于保护与发展生产力的突出位置，科学地阐述了经济发展与环境保护的关系，为生态环境的保护和改善提供了有力的理论支撑。

绿色是大自然的底色。当绿水青山和金山银山之间有不可调和的矛盾时，我们宁要绿水青山，不要金山银山。2013 年 9 月 7 日，习近平总书记在哈萨克斯坦纳扎尔巴耶夫大学回答学生问题时对“两山论”作出进一步阐述，“建设生态文明是关系人民福祉、关系民族未来的大计。我们既要绿水青山，也要金山银山。宁要绿水青山，不要金山银山，而且绿水青山就是金山银山”。要像对待生命一样对待生态环境，统筹山水林田湖草系统治理，实行最严格的生态环境保护制度，形成绿色发展方式和生活方式，坚定走生产发展、生活富裕、生态良好的文明发展道路，建设美丽中国。我们应该追求绿色发展繁荣，按照“绿水青山就是金山银山”的理念促进发展理念的绿色创新，才能为绿色发展提供科学的观念引导，保证发展的可持续性。

绿水青山是自然财富、生态财富、社会财富、经济财富的总和。树立和践行绿水青山就是金山银山的理念，坚持节约资源和保护环境的基本国策，像对待生命一样对待生态环境已在中国人民心中达成共识。

二、乡村生态环境保护正时不我待

在新的社会发展时代背景下，广大乡村应尽快改变以牺牲生态环境为代价的错误发展方式，强化生态保护意识推动生态行为实践。以“美丽乡村建设”为契机，以“生态宜居”为目标，时刻保持对环境保护和生态发展的敏感性，主动、及时地剔除发展过程中不健康、不可持续的发展路径，共建天蓝、地绿、山青、水碧的美丽家园。

（一）生态环境保护是广大人民群众的强烈愿望

当环境污染成为人类生存发展的共同威胁时，顺应自然、保护环境，应该成为全社会的一致行动。保护生态环境，大力保护和合理利用自然资源是为广大人民群众创造良好生产生活环境，为后代子孙建造天蓝、地绿、山青、水碧的美丽家园，是确保经济社会持续发展的重要条件。

2013 年 5 月 24 日，习近平总书记在主持十八届中央政治局第六次集体学习时强调，“在生态环境保护问题上，就是要不能越雷池一步，否则就应该受到惩罚”。党的十九大部署了推进绿色发展、着力解决突出环境问题、加大生态系统保护力度和改革生态环境监管体制等改革措施，必须全心全意、不折不扣地贯彻好、落实好、践行好。

中国特色社会主义进入新时代，我国社会主要矛盾已经转化为人民日益增长的美好生活需要和不平衡不充分的发展之间的矛盾。随着我国社会主要矛盾的变化，老百姓过去“盼温饱”，现在“盼环保”；过去“求生存”，现在“求生态”，生态环境质量已成为影响人民群众幸福指数的关键指标。2013 年 4 月，习近平总书记在海南考察时指出，要处理好发展和保护的关系，着力在“增绿”“护蓝”上下功夫，为子孙后代留下可持续发展的“绿色银行”。现在，人民群众对清新空气、清澈水质、清洁环境等生态产品的需求日益迫切，望得见山、看得见水、记得住乡愁已成为其日常生活的内生性需要。

近年来，我国大力推进生态文明建设，取得了举世瞩目的显著成效。但是，生态文明建设仍然任重道远，优质生态产品仍然总体短缺。生态环境成为全面建成小康社会的突出短板，必须摆在重中之重的位置。未来，我们既要创造更多物质财富和精神财富以满足人民日益增长的美好生活需要，也要提供更多优质生态产品以满足人民日益增长的优美生态环境需要。

（二）乡村生态环境保护就在当下

乡村人口数量众多，需要普享“良好生态环境”的民生福祉。近年来，随着我国城镇化的快速推进，乡村人口数量虽然逐年减少，但依然聚集了 40% 以上的人口。农村绝不能成为荒芜的农村、留守的农村、记忆中的故园。2013 年 4 月，习近平总书记在海南考察时指出：良好生态环境是最公平的公共产品，是最普惠的民生福祉。毫无疑问，乡村的广大人民群众不能失去这“最公平的公共产品”，更不能不享受这“最普惠的民生福祉”。

乡村地域广阔，生态是最大的优势。中国乡村幅员辽阔，占据绝大部分生态功能区，乡村是生态涵养的主体区；而且，山水林田湖草主要在农村，某种意义上讲，乡村环境是生态环境建设的一面镜子。因此，乡村生态环境是我国生态环境系统的重要组成部分，乡村生态环境保护是环境保护工作的重要组成部分，是改善区域环境质量的重要措施。乡村承载着我国经济可持续发展的重要任务，乡村环境的好坏反映着环境友好型社会建设的成功与否。

改革开放以来，虽然农业和农村经济发展取得了巨大成就，但随着我国经济社会的迅猛发展，以及农村经济的提速和社会主义新农村建设的不断深入，农业“高污染”和“高消耗”的形势不容乐观，农村生态环境保护问题日益突出，严重影响了农村经济乃至全国经济可持续发展和生态文明建设步伐。首先，农业生产过度依赖农药化肥造成耕地污染、生产生活污水和垃圾处理率低影响人居环境、畜禽养殖污染水源、乡村旅游不合理开发造成生态破坏等。其次，以往各地在治污上存在范围上重城市、轻农村，模式上重点源、轻面源的现象，随着城镇化发展以及外出务工人员的返乡创业，一些地区还存在城市污染物向乡村转移的问题。再次，在农村消费水平与消费能力提升的同时，部分地区出现盲目消费与过度消费倾向，形成重量不重质的消费观念。最后，由于传统城乡二元体制束缚下的农村基础设施建设水平较低，农村区域难以完全消纳生产、生活废弃物。久而久之，农村生态系统承载能力难以支撑经济社会发展相伴生的废弃物，生态系统自我调节功能受到冲击，已成为全国生态文明建设的短板。因此，搞好农村环境保护，对农村生态环境、农民群众身心健康乃至全国生态文明建设都具有重要意义。

从上面的分析可以看到，尽管农村人口密度相对小，环境容量相对大，但农业面源污染所产生的影响是多方面、深层次的。随着城镇化的快速发展，加强乡村生态环境保护，加强乡村自然资源的保护和合理利用比以往任何时候都显得更加迫切。夯实环境基础，改善农村人居条件，是乡村振兴的基础。习近平总书记在十九届中央政治局第八次集体学习时强调，要“加快推进农村生态文明建设、建设农村美丽家园”。2019 年 4 月 28 日，习近平总书记在 2019 年中国北京世界园艺博览会开幕式上的讲话中指出：“现在，生态文明建设已经纳入中国国家发展总体布局，建设美丽中国已经成为中国人民心向往之的奋斗目标。中国生态文明建设进入了快车道，天更蓝、山更绿、水更清将不断展现在世人面前。”

推进乡村生态振兴，必须以习近平生态文明思想为指引，防治农业生产和农村生活污染，综合整治乡镇环境。促进自然资源的合理开发利用，进一步强化乡村的自然资源管理，把保护自然资源和生态环境放在突出位置，重点保护好乡村的土地和矿产等不可再生资源，大力加强乡村林地和水源等绿色生态资源的保护，进一步增强生态产品供给能力。

注重对乡村原本风貌的保护，挖掘特色乡土味道，构建传承乡土特质、乡土文化、生态理念的农村发展新载体。维护农村重要自然生态系统的良性循环，统筹农村人居环境、农村自然资源、农村生态系统协调发展，提高城乡居民的生活环境质量，确保农村经济社会。

三、乡村振兴，生态宜居是关键

通过建设“让居民望得见山、看得见水、记得住乡愁”的生态宜居美丽乡村，助推乡村振兴，为老百姓留住鸟语花香田园风光，谱写美丽乡村建设新篇章。

（一）从新农村建设到美丽乡村

众所周知，农业是国民经济持续健康发展的基础，农村的土地为城市提供了粮食、蔬菜和水果。只有健康的土壤、干净的水源，才能生产出安全的食物。乡村景观极为丰富，水乡、平原、渔家小村、黄土高坡、草原牧场、盆地沙漠等自然景观众多，这是大自然赋予的瑰宝。同时在中国各地还分布有许多当地人智慧和自然力量共同作用形成的具有保护和研究价值的乡村景观，如岭南开平碉楼村落景观、内蒙古草原游牧部落景观等。

中国特色社会主义进入新时代，我国社会主要矛盾已经转化为人民日益增长的美好生活需要和不平衡不充分的发展之间的矛盾。其中，优美生态供应不足以及由此带来的高质量农产品供应不足是社会主要矛盾在农业农村领域的突出体现。因此，应从关系到中华民族自身健康延续下去的重大战略高度，将乡村生态振兴的总体目标确定如下：为近 14 亿中国人提供优美的生态环境、人居环境以及优质安全健康的农产品，确保国人的身体健康，推进美丽宜居乡村建设，进而全面推动健康中国建设。

随着我国经济发展水平的提高，国家已经进入“工业反哺农业、城市支持农村”的发展新阶段。在这一背景下，“美丽乡村”建设提上日程。2005 年 10 月，党的十六届五中全会提出提出了“生产发展、生活宽裕、乡风文明、村容整洁、管理民主”的具体要求。2007 年 10 月，党的十七大提出“要统筹城乡发展，推进社会主义新农村建设”。2008 年，浙江省安吉县正式提出“中国美丽乡村”计划，出台《建设“中国美丽乡村”行动纲要》，提出用 10 年左右时间，把安吉县打造成为中国最美丽乡村。2012 年，在党的十八大发展“生态文明”的指导下，明确提出了“美丽中国”的概念。2013 年，中央一号文件明确提出“努力建设美丽乡村”的奋斗目标，这是在生态文明的背景下对新农村建设的发展与创新。

2014 年中央农村工作会议上强调“中国要美，农村必须美”，2015 年，中央一号文件进一步指出，农村建设要“强富美”，同样强调了我国农村建设“美”的概念。2017 年，党的十九大报告提出“加快生态文明体制改革，建设美丽中国”的施政方针，其中特别提到农村人居环境整治是要着力解决的突出环境问题之一。虽然，新农村建设在不同时代背景和现实条件下有着不同的面貌，但有一点是肯定的，创建“美丽乡村”将进一步加强农村生态建设、环境保护和综合整治工作，有利于全国生态文明建设，也是构建资源节约型、环境友好型社会的重要基础。

美丽乡村建设是建设美丽中国的重要组成部分。要想推进美丽乡村的建设，坚持生态文明的理念是十分重要的。因为坚持生态文明的理念不仅仅是单方面的美丽，而是“内外兼修”的美丽。它既重视生态环境的保护，又重视在尊重自然的条件下发展生态经济。在推进美丽乡村建设的同时，将生态文明的理念扎根于心。如此才能真正地实现人与自然的和谐相处以及真正地做到可持续发展。

近年来，国家逐步将推进新农村建设列为城乡建设和发展的重点，美丽乡村建设是进行新农村建设的主要途径之一。美丽乡村建设顾名思义，是要将我国的农村建设得更加美丽，使自然与人类更加的和谐相处。生态文明是建设美丽乡村的关键步骤，它的内涵不仅是坚持用先进的生态理念保护生态环境，还包括用经济手段及相关制度加以辅助。用生态文明的理念来推进美丽乡村建设是实现我国新农村建设的重要途径。在美丽乡村的推进过程中，始终坚持生态文明的理念是因为生态是乡村本身具有的特色。生态是乡村最大的发展优势。原生态的乡村环境是能够创造出经济机遇的。

要科学认识乡村存在的价值，留住美丽乡村。传统认识上，村落有农业生产价值、生活价值，但更不能遗忘其生态价值。城镇化建设要体现尊重自然、顺应自然、天人合一的理念，依托现有山水脉络等独特风光，让城市融入大自然，让居民望得见山、看得见水、记得住乡愁。毋庸置疑，农村人居环境干净卫生，关系的不只是农村人的身体健康，更关乎城市人的生命质量。生态是乡村的优势，生态价值是美丽乡村的精髓。

（二）生态宜居是乡村振兴的重要标志

宜居的生态，需要保护生态环境，坚持绿色导向，生态导向。良好生态环境是提高人民生活水平、改善人民生活质量、提升人民幸福感和安全感的基础和保障，是重要的民生福祉。宜居，指的是住得好，无论是发达地区还是贫困偏远地区，都要给老百姓一个干净的居住环境。生态宜居是乡村振兴的重要标志，也是以绿色发展引领生态振兴的关键所在。在乡村振兴的全过程中，融入生态环保理念和实践是客观所需、农民所盼。良好生态环境是农村最大优势和宝贵财富，必须尊重自然、顺应自然、保护自然，推动乡村自然资本加快增值，实现百姓富、生态美的统一。打造生态宜居乡村，要有正确的理念引领、有完美的制度体系建立、有贴切的人文定位。党的十九大报告把“生态宜居”摆在乡村振兴战略五大目标任务的第二位，足见其重要性。生态宜居要求的提出，为新时代农村走绿色发展道路指明了方向，提升了农村发展的可持续性。要坚持人与自然和谐共生，持续提升农村环境质量，建设美丽乡村。2019 年中央一号文件《中共中央 国务院关于坚持农业农村优先发展做好“三农”工作的若干意见》指出要“加强农村污染治理和生态环境保护”。

以农业农村现代化为目的的乡村振兴，有人认为是对“现代化”的抛弃，这种理解是狭隘的，要实现真正的“生态宜居”不是那么简单的，需要具有前瞻性和全局性的规划，现代化的管理、科技和理念必不可少，这一切光靠农民显然是不够的，必须要有新鲜血液，要想吸引人才，社会的焦点、国家的政策都必须要切实地转移到乡村来，而不再是雷声大，雨点小，忽悠老实人。按照党的十九大提出的产业兴旺、生态宜居、乡风文明、治理有效、生活富裕的总要求，加快推进农业农村现代化，让城里人“愿意来、留得下、带回去”，使广大农村地区“靠山吃山、靠水吃水”成为现实。

建设生态宜居的新农村，不仅是新时代背景下农村发展的战略要求，更是我国社会主要矛盾转化在农村的充分体现。建设好生态宜居的美丽乡村，要以踏石留印、抓铁有痕的劲头坚持不懈，让农民有更多幸福感、获得感。当前应树立尊重自然、顺应自然、保护自然的生态文明发展理念，加大农村生态环境保护力度，从农村环境综合整治、山水林田湖草系统治理、绿色产业发展引导、创新驱动等方面重点推进，将各项政策措施落到实处。走资源节约、环境友好的绿色发展道路，改善农民居住环境，保护农村生态环境，符合生态宜居的发展要求，也定将全面激活农村发展新活力。

编著者

2019 年 9 月

目 录

第一章
加强乡村生态保护与修复

第二章
积极推进农业循环化发展

第三章
农业环境污染综合整治

第四章
农村环境污染综合治理

第五章
建设乡村生态聚落体系

第六章 持续改善村容村貌

第七章 推动实现生态资源价值

第八章 建立市场化多元化生态补偿机制

第九章 健全人居环境管护长效机制

第一章

加强乡村生态保护与修复

乡村生态振兴，乡村生态保护与修复是根本。加强乡村生态保护与修复，需要深入学习贯彻习近平生态文明思想，切实把思想和行动统一到中央决策部署上来，深入推进农业农村生态环境保护工作，提升农业农村生态文明；要深刻把握人与自然和谐共生的自然生态观，正确处理乡村振兴与生态环境保护的关系，自觉把尊重自然、顺应自然、保护自然的要求贯穿到乡村振兴全过程；要深刻把握用最严格制度最严密法治保护乡村生态环境的方法路径，实施最严格的乡村生态资源管理制度和耕地保护制度，给子孙后代留下良田沃土、碧水蓝天。

一、加大乡村生态系统保护力度

乡村生态系统是一个以自然为主的半人工生态系统，是乡村区域由人类、资源、各种环境因子通过各种生态网络机制而形成的一个社会、经济、自然的复合体。乡村生态系统兼有生产功能、生活功能、生态功能和文化功能四大功能，是人类社会生存、生产和发展的基础。因此，乡村生态振兴，必须树立乡村生态保护意识，加大乡村生态保护力度，牢固树立绿水青山就是金山银山的理念，尊重自然、顺应自然、保护自然，构建人与自然和谐共生的乡村发展新格局。要在加大农业生态系统保护力度上取得新进展，进一步做好农业农村生态环境保护工作，切实加强农产品产地环境保护，大力推动农业资源养护，加快构建农业农村生态环境保护制度体系，推动乡村生态建设迈上新台阶。

（一）切实加强农产品产地环境保护

农产品产地环境是农业生产的基础条件，农产品产地安全是农产品质量安全的根本保证。农产品产地安全状况不仅直接影响国民经济发展，而且直接关系到农产品安全和人体健康。一旦农产品产地被污染，由于具有隐蔽性、滞后性、累积性和难恢复性等特征，所带来的危害将是灾难性的。因此，农产品产地环境保护，是加强乡村生态环境保护工作的关键环节。

加强农产品产地环境保护，首先，应加强污染源头治理。各地区应重点开展涉重金属企业排查，严格执行环境标准，控制重金属污染物进入农田，同时加强灌溉水质管理，严禁工业和城市污水直接灌溉农田。其次，加快开展耕地土壤污染状况详查，实施风险区加密调查、农产品协同监测，进一步摸清耕地土壤污染状况，明确耕地土壤污染防治重点区域。在耕地土壤污染详查和监测基础上，将耕地环境质量划分为优先保护、安全利用和严格管控三个类别，实施耕地土壤环境质量分类管理。最后，分区域、分作物品种建立受污染耕地安全利用试点，合理利用中轻度污染耕地土壤生产功能，大面积推广低积累品种替代、水肥调控、土壤调理等安全利用措施，推进受污染耕地安全利用。严格管控重度污染耕地，划定农产品禁止生产区，实施种植结构调整或退耕还林还草。

（二）大力推动农业资源养护

农业资源养护工作的顺利开展是实现农业可持续发展、农业生态振兴的关键。要把农业发展、农业资源合理开发利用和资源环境保护结合起来，遵循农业生态自然规律，保持农业生态平衡，大力推动农业资源养护，才能实现农业生态振兴、农业生产可持续发展。

推动农业资源养护，首先，应加快发展节水农业，统筹推进工程节水、品种节水、农艺节水、管理节水、治污节水，调整优化品种结构，调减耗水量大的作物，扩种耗水量小的作物，大力发展雨养农业。同时，建设高标准节水农业示范区，集中展示膜下滴灌、集雨补灌、喷滴灌等模式。要建立节约高效的农业用水制度，推行农业灌溉用水总量控制和定额管理；强化农业取水许可管理，严格控制地下水利用，加大地下水超采治理力度。其次，加强耕地质量保护与提升。全面提升耕地质量，加强农田水利基本建设，加强旱涝保收、高产稳产高标准农田建设。以任务精准落实到户、补助资金精准发放到户为重点，完善轮作休耕制度。最后，要强化农业生物资源保护，加强水生野生动植物栖息地和水产种质资源保护区建设，建立重点水域禁捕补偿制度，科学划定江河湖海限捕、禁捕区域；大力实施增殖放流，加强海洋牧场建设，完善休渔禁渔制度。

（三）加快构建乡村生态环境保护制度体系

制度才能管根本、管长远。加大乡村生态系统保护，必须加快构建乡村生态环境保护制度体系。习近平总书记指出："绿水青山就是金山银山，改善生态环境就是发展生产力。"[①]《中共中央 国务院关于全面加强

① 习近平：《共谋绿色生活，共建美丽家园——在二〇一九年中国北京世界园艺博览会开幕式上的讲话》（2019年4月28日），《人民日报》2019年4月29日。

生态环境保护 坚决打好污染防治攻坚战的意见》强调要全面加强生态环境保护，坚决打好污染防治攻坚战。2018 年 9 月，中共中央、国务院印发的《乡村振兴战略规划（2018 —2022 年）》明确指出，要健全重要生态系统保护制度。构建乡村环境保护制度体系主要从以下几个方面着手：一是完善天然林和公益林保护制度，进一步细化各类森林和林地的管控措施或经营制度。二是完善草原生态监管和定期调查制度，严格实施草原禁牧和草畜平衡制度，全面落实草原经营者生态保护主体责任。三是完善荒漠生态保护制度，加强沙区天然植被和绿洲保护。四是全面推行河长制湖长制，鼓励将河长湖长体系延伸至村一级。五是推进河湖饮用水水源保护区划定和立界工作，加强对水源涵养区、蓄洪滞涝区、滨河滨湖带的保护。六是严格落实自然保护区、风景名胜区、地质遗迹等各类保护地保护制度，支持有条件的地方结合国家公园体制试点，探索对居住在核心区域的农牧民实施生态搬迁试点。

知识链接

良好生态环境是最普惠的民生福祉

民之所好好之，民之所恶恶之。环境就是民生，青山就是美丽，蓝天也是幸福。发展经济是为了民生，保护生态环境同样也是为了民生。既要创造更多的物质财富和精神财富以满足人民日益增长的美好生活需要，也要提供更多优质生态产品以满足人民日益增长的优美生态环境需要。要坚持生态惠民、生态利民、生态为民，重点解决损害群众健康的突出环境问题，加快改善生态环境质量，提供更多优质生态产品，努力实现社会公平正义，不断满足人民日益增长的优美生态环境需要。生态文明是人民群众共同参与共同建设共同享有的事业，要把建设美丽中国转化为全体人民自觉行动。每个人都是生态环境的保护者、建设者、受益者，没有哪个人是旁观者、局外人、批评家，谁也不能只说不做、置身事外。要增强全民节约意识、环保意识、生态意识，培育生态道德和行为准则，开展全民绿色行动，动员全社会都以实际行动减少能源资源消耗和污染排放，为生态环境保护作出贡献。

——习近平:《在全国生态环境保护大会上的讲话》(2018年5月18日)

二、持续推进乡村生态修复治理

中共中央、国务院印发的《乡村振兴战略规划(2018—2022年)》指出：大力实施乡村生态保护与修复重大工程，完善重要生态系统保护制度，促进乡村生产生活环境稳步改善，自然生态系统功能和稳定性全面提升，生态产品供给能力进一步增强。因此，推进乡村生态修复治理，是实现乡村生态振兴的重要任务。实施乡村生态修复治理，应重点以解决突出乡村生态环境问题为导向，以提升乡村生态环境质量和承载力为主线，全面提升生态保护和环境治理能力，促进乡村生产生活环境稳步改善，实现乡村全面振兴。

（一）实施农业湿地保护和恢复

湿地在涵养水源、净化水质、蓄洪抗旱、调节气候和维护生物多样性等方面发挥着重要功能，是重要的自然生态系统，也是自然生态空间的重要组成部分。农业湿地保护和恢复是乡村生态振兴的重要内容。实施农业湿地保护和恢复，要坚持自然恢复为主与人工修复相结合的方式，优先恢复生态功能严重退化的国家和地方重要湿地。重点加强对集中连片、破碎化严重、功能退化的自然湿地进行恢复和综合整治，遏制自然湿地萎缩和河湖生态功能下降趋势。综合运用污染清理、土地整治、地形地貌修复、自然湿地岸线维护、河湖水系连通、植被恢复、野生动物栖息地恢复、拆除围网、生态移民和湿地有害生物防治等手段，逐步恢复湿地生态功能，增强湿地碳汇功能，维持湿地生态系统健康。

（二）持续扩大退耕还林还草规模

退耕还林还草是治理我国水土流失和土地沙化的重大生态修复工程。实施退耕还林还草是党中央、国务院从中华民族生存和发展的战略高度，着眼经济社会可持续发展全局做出的重大决策。国家发展和改革委员会、财政部、国家林业局、农业部、国土资源部印发了《新一轮退耕还林还草总体方案》，总体规模是到2020年，将全国具备条件的坡耕地和严重沙化耕地约4240万亩退耕还林还草。其中包括：25度以上坡耕地2173万亩，严重沙化耕地1700万亩，丹江口库区和三峡库区15~25度坡耕地370万亩。新一轮退耕还林还草应遵循以下原则：一是坚持农民自愿，政府引导。充分尊重农民意愿，退不退耕，还林还是还草，种什么品种，由农民自己决定。各级政府要加强政策、规划引导，依靠科技进步，提供技术服务，切忌搞“一刀切”、强推强退。二是坚持尊重规律，因地制宜。根据不同地理、气候和立地条件，宜乔则乔、宜灌则灌、宜草则草，有条件的可实行林草结合，不再限定还生态林与经济林的比例，重在增加植被盖度。三是坚持严格范围，稳步推进。退耕还林还草依据第二次全国土地调查和年度变更调查成果，严格限定在25度以上坡耕地、严重沙化耕地和重要水源地15~25度坡耕地。兼顾需要和可能，合理安排退耕还林还草的规模和进度。四是坚持加强监管，确保质量。建立健全退耕还林还草检查监督机制，对工程实施的全过程实行有效监管。加强建档建制等基础工作，提高规范化管理水平。

《乡村振兴战略规划（2018—2022年）》再次明确要求要“扩大退耕还林还草，巩固退耕还林还草成果”，还指出了要“退牧还草”，“推进退田还湖还湿、退圩退垸还湖”。

（三）加快推进农村“四荒”资源治理

治理开发农村集体所有的“荒山、荒沟、荒丘、荒滩”（以下简称“四荒”）是提高植被覆盖率，防治水土流失和土地荒漠化，改善生态环境和农业生产条件，促进农村生态振兴和农民脱贫致富的一项重大战略措施。推进农村“四荒”资源治理，要在符合国家有关法律、法规、政策、水土保持总体规划和治理开发协议的前提下，允许并鼓励治理者在保持水土和培育资源的基础上，宜农则农、宜林则林、宜果则果、宜牧则牧、宜渔则渔，根据实际情况开发利用“四荒”。应严格实行谁治理、谁管护、谁受益的政策。在经过治理开发的“四荒”地上种植的林果木、牧草及其产品等归治理者所有，新增土地的所有权归集体，在协议规定期限内，治理者拥有使用权，享受国家有关优惠政策。要发挥县以及乡镇基层水利、水土保持、土地、农业、林业和供销社等部门的指导、服务作用。要为“四荒”治理开发编制规划，组织技术培训，推广适用科技成果，提供优质苗木、良种，供应生产资料，提供市场信息咨询等保本微利的社会化服务。

（四）加强矿山地质环境修复和综合治理

矿山地质环境是乡村生态环境的重要组成部分。加快推进乡村生态振兴，必须把矿山地质环境恢复和综合治理摆在更加突出的位置，组织动员各方面力量，加强矿山地质环境保护，加快矿山地质环境恢复和综合治理，尽快形成开发与保护相互协调的矿产开发新格局。各地要将矿山地质环境历史遗留问题的解决作为实现乡村生态振兴的重要任务，纳入当地政府生态环境保护的目标任务，明确要求，分工负责，限期完成，严格考核和问责制度。各级地方财政要加大资金投入力度，拓宽资金渠道，为废弃矿山、政策性关闭矿山等历史遗留的矿山地质环境恢复治理提供必要支持。按照“谁治理、谁受益”的原则，鼓励社会资金参与，充分发挥财政资金的引导带动作用，大力探索构建“政府主导、政策扶持、社会参与、开发式治理、市场化运作”的矿山地质环境修复和综合治理新模式。各地可根据本地实际情况，将矿山地质环境修复治理与乡村振兴建设、棚户区改造、生态移民搬迁、地质灾害治理、土地整治、城乡建设用地增减挂钩、工矿废弃地复垦利用等有机结合起来，加强政策与项目资金的整合与合理利用，形成合力，切实提高矿山地质环境保护和恢复治理成效。

知识链接

乡村生态保护与修复重大工程

（一）国家生态安全屏障保护与修复

继续推进京津风沙源区、岩溶石漠化区、西藏生态安全屏障、青海三江源区、祁连山等重点区域治理工程，深化山水林田湖草生态保护修复试点，加快构筑国家生态安全屏障。

（二）大规模国土绿化

全面推进三北、长江等重点护林体系建设和天然林资源保护工程，完成营造林3128万公顷，全面完成《新一轮退耕还林还草总体方案》确定的建设任务。在条件适宜地区推进规模化林场建设。积极推进森林质量精准提升工程，完成森林质量精准提升2000万公顷。加快国家储备林及用材林基地建设，完成国家储备林建设333万公顷。

（三）草原保护与修复

继续推进退牧还草、草原防灾减灾、鼠虫草害防治、严重退化沙化草原治理、农牧交错带已垦草原治理等重大工程，严格实施草原禁牧和草畜平衡制度，落实草原生态保护补助奖励政策。

（四）湿地保护与修复

全面加强湿地保护，在国际和国家重要湿地、湿地自然保护区、国家湿地公园实施湿地保护与修复工程，对功能降低、生物多样性减少的湿地进行综合治理。建成一批生态型河塘，开展湿地可持续利用示范。

（五）重点流域环境综合治理

加快推进重点流域水污染防治，对现状水质达到或优于Ⅲ类的湖库水体开展生态环境安全评估，强化湖泊生态环境保护，加强重点湖库蓝藻水华防控。

（六）荒漠化、石漠化、水土流失综合治理

通过因地制宜实施封育保护、小流域综合治理、坡耕地治理等措施，新增水土流失治理面积28万平方公里，建成一批生态清洁小流域。持续推进防沙治沙和荒漠化防治，完成石漠化治理面积20万公顷。

（七）农村土地综合整治

统筹开展农村地区建设用地整理和土地复垦，优化农村土地利用格局，提高农村土地利用效率。到2020年，开展300个土地综合整治示范村镇建设，基本形成农村土地综合整治制度体系；到2022年，示范村镇建设扩大到1000个，形成具备推广到全国的制度体系。

（八）重大地质灾害隐患治理

完善调查评价、监测预警、综合治理、应急防治等地质灾害防治体系，实现山地丘陵区地质灾害气象预警预报全覆盖，全面完成山地丘陵区地质灾害详细调查和重点地区地面沉降、地裂缝和岩溶塌陷调查，完成已发现的威胁人员密集区重大地质灾害隐患工程治理。

（九）生物多样性保护

开展生物多样性调查和评估，摸清生物多样性家底；构建生物多样性保护网络，掌握生物多样性动态变化趋势。推进自然保护区保护管理能力建设，保护和改善濒危野生动物栖息地，积极开展拯救繁育和野化放归，加强极小种群野生植物生境恢复和人工拯救。

（十）近岸海域综合治理

加快实施蓝色海湾整治行动，推动辽东湾、渤海湾、黄河口、胶州湾等重点河口海湾综合整治，强化海岸带保护与修复，完善入海排污口管理制度。

（十一）兴林富民行动

优化资源要素配置，构建布局合理、功能完备、结构优化的林业产业体系、服务体系，建立一批标准化、集约化、规模化示范地。加快智慧林业发展，推动林区网络和信息基础设施基本全覆盖，建设林业基础数据库、资源监管体系、新型林区综合公共服务平台。大力推进森林生态标志产品认证，建立森林生态产品品牌保证监督体系和产品追溯体系，建设森林生态产品信息发布和网上交易平台。

——《乡村振兴战略规划（2018—2022年）》

三、建设健康稳定田园生态系统

田园生态系统是指人类在以作物为中心的农田中，利用生物和非生物环境之间以及生物种群之间的相互关系，通过合理的生态结构和高效生态机能，进行能量转化和物质循环，并按人类社会需要进行物质生产的综合体。开展农田生态系统保护建设是推动乡村生态振兴和农业绿色发展等国家重大战略部署落地的重要举措，是促进新时代农业转型升级的重要抓手和促进农业绿色发展的升级版工程，对于创新和重塑农业生产、农村生态、农业科技、农村人文体制机制，提供安全优质的农产品，推进人与自然的和谐相处，以及振兴乡村都有重要作用。2018 年 5 月 18 日，习近平总书记在全国生态环境保护大会上的讲话中指出：打造美丽乡村，为老百姓留住鸟语花香田园风光。《乡村振兴战略规划（2018—2022 年）》明确要求，“建设健康稳定田园生态系统”“重塑诗意闲适的人文环境和田绿草青的居住环境，重现原生田园风光和原本乡情乡愁”。

（一）保护和维持田园生态系统的完整性和农田生物多样性

遵循生态系统整体性、生物多样性规律，合理确定种养规模，建设完善生物缓冲带、防护林网、灌溉渠系等田间基础设施，恢复田间生物群落和生态链，实现农田生态系统的稳定性和自然循环功能。

（二）注重保护和开发农业的多功能性

除提供食品和其他农产品功能外，农业还具有防洪、保持水土、涵养水源、保护生物多样性、保护农村自然景观、传承文化、体验学习和教育等功能。因此，要优化乡村种植、养殖、居住等功能布局，拓展农业多种功能，打造种养结合、生态循环、环境优美的田园生态系统。

（三）开展乡村地区生物多样性调查，划定保护区域

乡村的河流、水田、灌溉渠道、池塘、村落等构成了完整的生态系统网络，从农村生态系统整体性角度出发开展田园生态系统建设，需要避免由于农业生产活动导致乡村生态系统的碎片化。需要对当地生物多样性进行调查，了解当地居民开展的环境保护活动及相关措施和造成的影响。在此基础上，通过环境保护专家以及利益相关者的广泛参与开展区域环境评价，从生态系统完整性角度划分保护区域，因地制宜地制定环境保护具体措施，制定与自然和谐共生的农业生产开发方案，确保田园生态系统建设和保护的连续性和完整性。

（四）构建田园生态系统建设的长效机制

创新融资方式，加大资金来源的多样性，解决田园生态系统建设的长效资金问题。发挥农民的主体作用，充分保障建设完成后的收益更好地留给乡村，保障农民合法权益。要加强顶层设计，各地应颁布相应的规划和指导文件，设立田园生态系统建设的考核指标，为企业、农民的参与提供一系列配套政策，形成长效机制。

专家观点

打造种养结合、生态循环、环境优美的田园生态系统

田园生态系统是整个生态系统的重要组成。山水林田湖草是一个生命共同体。更加注重生态保育，是农业绿色发展的根本要求。《关于创新体制机制推进农业绿色发展的意见》（以下简称

《意见》）提出，要打造种养结合、生态循环、环境优美的田园生态系统。贯彻落实《意见》的部署和要求，要以优化农业布局、发展生态循环农业为抓手，持续加力，久久为功，实现农田生态系统更加稳定，农业生态服务能力进一步提高。

一是优化农业产业布局。坚持宜农则农、宜牧则牧、宜渔则渔、宜林则林，逐步建立起农业生产力与资源环境承载力相匹配的农业发展新格局。优化调整种养业结构，引导生猪养殖向东北等环境容量大的地区转移，按照土地承载能力，推行以地定畜、种养匹配，实现种养结合循环发展。大力发展草食畜牧业，开展粮改饲和种养结合型农业试点，打通种养结合发展的通道，形成粮饲兼顾、种养结合、农牧循环的新型农业结构。开展稻田综合种养技术示范，推广稻鱼共生、鱼菜共生等综合种养技术新模式。

二是加强生态循环农业建设。大力发展生态循环农业，着力推进农业资源利用节约化、生产过程清洁化、产业链条生态化、废弃物利用资源化，走产出高效、产品安全、资源节约、环境友好型的农业现代化道路。注重面上推进与示范创建并举、量化目标与制度创新并行，把农业生态环境治理、废弃物综合利用与农业转方式、调结构和地方农业产业发展有机结合起来，形成“主体小循环、园区中循环、县域大循环”的“三级循环”模式，构建起点串成线、线织成网、网覆盖省的生态循环农业示范体系。通过政策扶持和市场机制作用，引导社会资本发展生态产业，形成政府、主体、市场“三方共建”的生态循环农业发展工作格局。

三是开发农业多种功能。尊重自然、顺应自然、保护自然，加强农业生态基础设施建设，修复农业农村生态景观，强化山水林田路综合治理，提升农业的生态价值、休闲价值和文化价值，打造农业全产业链。依托农村绿水青山、田园风光、乡土文化等资源，发展休闲农业和乡村旅游，培育一批全国休闲农业与乡村旅游示范县、全国休闲农业示范点，推进农业与旅游、教育、文化、健康等产业深度融合，让人们“望得见山，看得见水，记得住乡愁”。

——农业农村部科技教育司司长　廖西元

四、统筹山水林田湖草系统治理

党的十八大以来，习近平总书记从生态文明建设的宏观视野提出山水林田湖草是一个生命共同体的理念。习近平总书记在《关于〈中共中央关于全面深化改革若干重大问题的决定〉的说明》中强调，“人的命脉在田，田的命脉在水，水的命脉在山，山的命脉在土，土的命脉在树。用途管制和生态修复必须遵循自然规律……对山水林田湖进行统一保护、统一修复是十分必要的”。党的十九大报告指出，“建设生态文明是中华民族永续发展的千年大计”，“统筹山水林田湖草系统治理，实行最严格的生态环境保护制度，形成绿色发展方式和生活方式，坚定走生产发展、生活富裕、生态良好的文明发展道路”。习近平总书记关于“山水林田湖草是一个生命共同体”的重要论述，进一步唤醒了人类尊重自然、关爱生命的意识和情感，为新时代推进乡村生态振兴提供了行动指南。

统筹山水林田湖草系统治理，首先要牢固树立山水林田湖草是一个生命共同体的理念。按照生态系统的整体性、系统性以及内在规律，统筹考虑自然生态各要素以及山上山下、地上地下、陆地海洋、流域上下游，进行系统保护、宏观管控、综合治理，增强生态系统循环能力，维护生态平衡。重点围绕解决生态系统保护与治理中的重点难点问题，在重点区域实施重大生态系统保护和修复工程，尽快提升其生态功能；健全完善山水林田湖草系统治理和保护管理制度，以生态系统治理体系和治理能力现代化提升生态系统健康与永续发展水平，提高生态系统生态产品供给能力，不断满足人民日益增长的优美生态环境需要。

统筹山水林田湖草系统治理，必须打破行政区划、部门管理、行业管理和生态要素界限，统筹考虑各要素保护需求，健全生态环境和自然资源管理体制机制，推进生态系统整体保护、综合治理、系统修复。要树立绿水青山就是金山银山的生态文明价值观，以矿山环境治理恢复、土地整治与土壤污染修复、生物多样性保护、流域水环境保护治理、区域生态系统综合治理修复等为重点内容，以景观生态学方法、生态基础设施建设、近自然生态化技术为主流技术方法，因地制宜设计实施路径。

统筹山水林田湖草系统治理，必须因地制宜，突出特色。各地自然地理条件、经济社会发展水平、面临的生态环境问题不尽相同，紧紧围绕区域主导生态功能和生态系统结构特征，制定差异化保护修复方案和实施路线图。充分挖掘本地生态资源优势和生态文化特色，在实施生态保护修复工程的同时，因地制宜设计生态旅游、生态农业等特色产业发展方案，提高绿色发展水平，实现区域生态产品供给能力和经济发展质量双提升。

统筹山水林田湖草系统治理，必须创新制度，长效管理。以国家大力推进山水林田湖草生态保护修复为契机，按照生态文明体制改革总体方案要求，深入探索自然资源资产产权制度、国土空间开发保护制度、资源总量管理和全面节约制度、资源有偿使用和生态补偿制度、生态文明绩效评价考核和责任追究制度等有利于生态系统保护修复的制度体系。对工程实施和推进，制定配套政策措施，建立稳定持续的资金机制，建立工程台账，强化绩效评估和考核，形成生态保护修复长效制度。

知识链接

山水林田湖草生命共同体

“山水林田湖草生命共同体”核心要义是树立自然价值理念，确保生态系统健康和可持续发展，要求从过去的单一要素保护修复转变为以多要素构成的生态系统服务功能提升为导向的保护修复，具有尺度性、整体性、功能性、均衡性特征。

尺度性：“山水林田湖草生命共同体”理念体现了生态系统等级层次理论。农田、村庄、城镇、流域等不同尺度的生态系统具有不同的结构和功能特征，它是长期自然演变过程和人为活动的综合表征。山水林田湖草生态保护修复要分析评价不同尺度景观格局下，生物迁移、污染物传输等诸多生态过程的相互关系和影响，按照“源—廊道—汇”生态过程调控原理，因地制宜采取加速、延缓、阻断、过滤、调控等管理和技术工程手段，实施系统性保护修复。

整体性：“人的命脉在田，田的命脉在水，水的命脉在山，山的命脉在土，土的命脉在树”，这充分阐述了各要素生态过程相互影响、相互制约的关系，是不可分割的一个整体。各要素在“生命共同体”中所处的层级、位置和作用不同，须充分分析山水林田湖草所构成的景观格局特征和形成机制，比较生态要素不同配置格局下的生态服务价值和环境成本效益，不断优化格局，提升服务功能。

功能性：开展山水林田湖草生态保护修复，应充分认识生态系统结构、过程、功能等基本特性，以生态系统功能保护恢复为重点，评估生态安全阈值和生态重要性、敏感性、脆弱性，由传统线性思维转变为非线性思维方法，分层次、分区域开展保护修复，推进生态系统由“疾病治疗”到“健康管理”的转变。

均衡性：“山水林田湖草生命共同体”充分体现了空间均衡理念，要求各生态要素各守其位、均衡发展。通过开展综合评价，综合权衡水源涵养、防风固沙、土壤保持、生物多样性保护、污染净化、固碳等生态服务功能供给和需求，确定生态产品供给数量、质量和空间布局要求。在自然资源开发和利用过程中，坚持发展和保护相统一的理念，不仅要严格执行耕地等资源在面积数量上的“占补平衡”，还应积极推进生态空间及其服务功能的均衡优化布局和高效科学利用。

（王夏晖、何军、饶胜、蒋洪强：《山水林田湖草生态保护修复思路与实践》，《环境保护》2018年第Z1期）

五、加强耕地资源保护和质量提升

耕地是最宝贵的农业资源、最重要的生产要素。党的十八大以来，以习近平同志为核心的党中央高度重视耕地质量保护工作，围绕严守耕地保护红线、确保农地农用等方面作出了一系列重大决策和部署，探索出促进耕地保护的有效路径。2013 年 12 月，习近平总书记在中央农村工作会议上的讲话中指出：保障国家粮食安全的根本在耕地，耕地是粮食生产的命根子。农民可以非农化，但耕地不能非农化。如果耕地都非农化了，我们赖以吃饭的家底就没有了。2014 年 5 月，习近平总书记在河南考察时的讲话中指出：粮食生产根本在耕地，命脉在水利，出路在科技，动力在政策，这些关键点要一个一个抓落实、抓到位，努力在高基点上实现粮食生产新突破。2019 年 3 月，习近平总书记在参加十三届全国人大二次会议河南代表团的审议时指出：耕地是粮食生产的命根子。要强化地方政府主体责任，完善土地执法监管体制机制，坚决遏制土地违法行为，牢牢守住耕地保护红线。这些重要论断和重大部署，必须深刻领会、准确把握、坚决贯彻。

（一）将优质耕地划入基本农田实行永久保护

新时代我国社会主要矛盾已经转化为人民日益增长的美好生活需要和不平衡不充分的发展之间的矛盾，但人多地少、人均耕地资源少、耕地后备资源不足的基本国情没有改变。耕地是我国最为宝贵的资源，永久基本农田是最优质、最精华、生产能力最好的耕地，划定并守住永久基本农田控制线功在当前、利及长远，是确保国家粮食安全、加快推进农业农村现代化的有力保障，是深化农业供给侧结构性改革、促进经济高质量发展的重要基础，是实施乡村振兴、促进生态文明建设的必然要求。

将优质耕地划入基本农田实行永久保护，首先各乡镇要按照《基本农田划定技术规程》和有关要求，完成基本农田划定工作。要综合运用土地变更调查、农用地分等定级成果，将土地利用总体规划确定的基本农田落到实地，划定边界，设立标志，统一编号，落实到户。加快编制基本农田保护相关图件和表册，逐片（块）落实数量、质量等级和保护责任信息，建立基本农田数据库。基本农田一经划定，实行永久保护，任何单位和个人未经批准不得改变或者占用。同时，积极探索建立日常管护制度，明确管护主体，落实管护责任，保障管护经费，按照职责做好农田水利等基础设施维护、水土保持等工作，提高利用水平，防止盲目开发、过度开发和不当利用。凡有条件的地方，可通过组建专业合作社等方式鼓励土地流转，发展适度规模经营，实现政府、企业和农户的多方共赢，确保高标准基本农田长期持续发挥效益。

（二）严控建设用地占用优质耕地

严守耕地保护红线、给农业留下更多良田是党中央历来对耕地保护工作的强调重点。守住耕地红线，首要任务要管住“占”，即严格土地用途管制，严控建设用地占用优质耕地资源。强化土地利用总体规划对新增建设用地及其占用农用地规模、结构和布局安排的调控，落实城乡建设用地管制边界，严控建设用地占用耕地规模，最大限度减少建设用地占用耕地特别是优质耕地。严格控制建设用地低效扩张，将永久基本农田落地到户，严格管控措施，实现长久有效保护。严格农用地转用管理，确保在土地承包经营权流转、农业结构调整等政策实施不改变农用地用途等。鼓励和引导工业、城镇用地向低丘缓坡荒滩等未利用地、劣质农用地等区域发展，鼓励开发利用地上地下空间和城市低效利用土地“二次开发”。各类建设项目用地要严格执行准入标准，充分采用节地技术，切实落实工程建设用地控制指标。严格建设项目用地预审和审批，建设项目选址（线）要现场踏勘、充分论证，通过方案比选，做到不占或少占耕地，确需占用耕地的，应占用等级较低的耕地。

（三）严格执行耕地占补平衡政策规定

按照党中央、国务院决策部署，坚守土地公有制性质不改变、耕地红线不突破、农民利益不受损三条底线，着力加强耕地数量、质量、生态“三位一体”保护，着力加强耕地管控、建设、激励多措并举保护，采取更加有力措施，依法加强耕地占补平衡规范管理。加快建立以数量为基础、产能为核心的占补新机制，通过“算大账”的方式，落实占一补一、占优补优、占水田补水田，促进耕地数量、质量和生态“三位一体”保护。非农建设占用耕地的，建设单位必须依法履行补充耕地义务，无法自行补充数量、质量相当耕地的，应当按规定足额缴纳耕地开垦费。地方各级政府负责组织实施土地整治，通过土地整理、复垦、开发等推进高标准农田建设，增加耕地数量、提升耕地质量，以县域自行平衡为主、省域内调剂为辅、国家适度统筹为补充，落实补充耕地任务。在严格保护生态前提下，科学划定宜耕土地后备资源范围，禁止开垦严重沙化土地，禁止在25度以上陡坡开垦耕地，禁止违规毁林开垦耕地。充分发挥财政资金作用，鼓励采取政府和社会资本合作（PPP）模式、以奖代补等方式，引导农村集体经济组织、农民和新型农业经营主体等，根据土地整治规划投资或参与土地整治项目，多渠道落实补充耕地任务。

（四）加快推进耕地质量提升

数量上守住“红线”固然重要，但如果耕地质量下降，粮食产能必然下降。因此，守红线更要“建”红线，努力推动耕地保护从数量管护转向数量、质量、生态“三位一体”管理转变，确保耕地生产能力稳步提升，让同等面积的耕地生产更多的粮食。各地农业农村部门要结合本地实际，根据当地种植布局、耕作制度、栽培技术模式和主要土壤类型，开展耕地质量保护提升示范推广。重点围绕“改、培、保、控”四字技术要领，因地制宜选择技术措施。

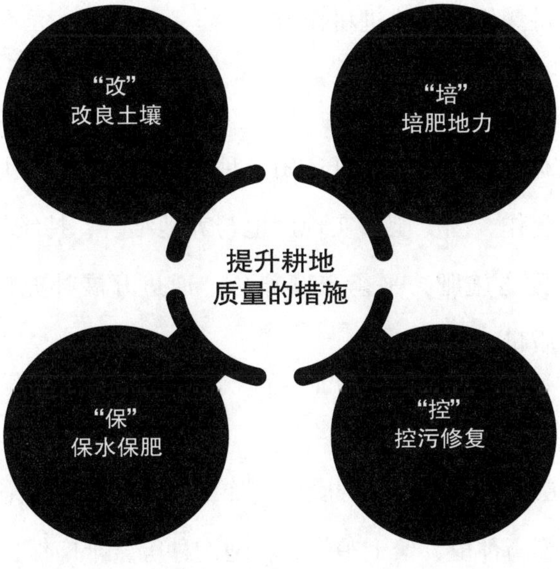

提升耕地质量的措施

1.“改”：改良土壤

通过开展农田设施建设，土地平整，坡改梯，生物篱，沟渠路林配套，地膜、秸秆覆盖等，治理水土侵蚀；通过施用石灰、碱性土壤调理剂、有机肥等，改良酸化土壤；通过排灌分离、深沟降潜、暗沟滤排、机械起垄栽培等，改良潜育化土壤；通过水旱轮作、淋溶、洗田、生物除盐（蔬菜—玉米轮作等）、深耕压盐、施用商品有机肥、水肥一体化、非农建设占用耕地的优质耕层土壤剥离与再利用等，改良盐渍化菜地；通过秸秆还田、增施有机肥、种植绿肥、深耕深松、非农建设占用耕地的优质耕层土壤剥离与再利用等，改善土壤理化性状；通过免耕少耕、轮作休耕、深耕深松等，改进耕作方式。

2.“培”：培肥地力

通过增施有机肥，实施秸秆还田，种植绿肥，提高土壤有机质含量；通过粮豆轮作套作、固氮肥田实现用地与养地结合，持续提升土壤肥力；通过开展测土配方施肥，平衡土壤养分；通过开展补充耕地后期培肥，提高新增耕地质量。

3.“保”：保水保肥

通过耕作层深松耕，打破犁底层，加深耕作层；通过采取免耕少耕以及山区丘陵的等高种植、聚土垄作、坡地沟种等，推广保护性耕作；通过增施有机肥，改善土壤团粒结构，增强耕地土壤保水保肥能力；通过实施水肥一体化、地膜（秸秆）覆盖、集雨补灌等，提高农田水肥利用率。

4.“控”：控污修复

通过减量施用化肥农药，减少不合理投入数量；通过实施畜禽粪便无害化处理，阻控重金属、有机物污染源；通过规范使用达标农膜，开展残留农膜回收，控制农膜残留污染；加强农田灌溉水质监测与预警，阻控农田用水污染。采取工程、生物、农艺等措施，修复污染耕地。推进非农建设占用耕地耕作层土壤剥离与再利用，剥离的优质耕层土壤用于污染耕地修复。

典型案例

节约·集约·守护

——永新入围全国国土资源节约集约模范县探秘

2015年，永新县成功入围全国国土资源节约集约模范县。永新通过有效强化土地管控，不断探索创新路径，破解资源瓶颈制约，走出了一条质量更高、效益更好、结构更优的可持续发展之路。

一、空间：向节约要

工业化、城镇化之初，受区位、交通、资金、技术等因素制约，永新曾一度出现过以地招商、矿产乱采滥挖等乱象，造成资源浪费和环境污染。通过努力，该县以政策约束控地、挖潜盘地等为着力点，大力实施企业“腾笼换鸟”、旧城改造等工程，实现土地二次开发，集中布局“两区”，有效提升综合承载力。

该县大力实施企业“腾笼换鸟”工程，对投入少、产效低下停产或半停产的企业，进行收回置换，易主盘活；对达不到产出标准的企业，督促自主升级改造；对主动增资技改提高投资强度、增加容积率扩大优化产能的企业，不再收取土地出让价款。

同时，以政策控地，严格执行国家土地供应政策和产业政策，入园项目投资强度必须达到150万元/亩以上，容积率达到1.0以上，亩均税收达到10万元/亩以上。对新引进投资大、超过150亩用地规模的企业，实行分期供地。对小微企业推行“租让结合、先租后让”的供应方式，租用政府投资兴建标准厂房的，免缴租金2年。

二、效益：向集约要

在“两区”建设中，该县让房子“长高”，提高建筑容积率，向空中要发展，向有限的土地资源要效益。

城区建设大力推进“居民上楼”，征地拆迁不再实行等面积异地安置，全面推行商品住房集中安置，突破了以往拆迁安置拆东建西重复建设模式。为让居民主动上楼，该县建立了留地安置、留物业安置、养老医疗、就业创业等多元保障机制，解决了征地拆迁群众的后顾之忧。

园区建设积极提倡“向天借地”，该县在工业园区铜制品基地建成15栋标准厂房并已入驻企业，总建筑面积10万平方米，等于“向天借地”100亩。通过民间融资等模式，在返乡创业园建成3层以上标准厂房9.5万平方米，等于“向天借地”95亩。

三、潜力：向守护要

绿水青山就是金山银山。永新是全国绿色名县，森林覆盖率70.8%，但耕地面积只有49.8万亩、人均耕地仅0.95亩，可用于开发成耕地的未利用地仅有4万余亩，守护这片绿土，保护这片耕地，成为永新集聚发展潜力的必修课。

早在2001年工业园区建立之初，永新定下“园区建设绕道优质耕地”的“铁律”，大力推进“工业上山”，整个园区规划建设近4平方公里，而占用耕地仅290亩；2012年以来，向荒山荒坡等低效低丘缓坡“进军”，引导“农民上坡”建房，安排村民建房2000余户，保护耕地近2000亩；2014年，向社会聘请30名退伍军人，整合部门执法力量，组建综合执法队，联手打击国土资源违法违规行为……该县在全市率先推行国土移动执法，快速准确判违制违查违，持续保持了清理整治违法违规建房高压态势，耕地保护执法检查工作连续4年实现“零约谈、零问责”。

（《井冈山报》2016年4月13日）

（五）健全耕地保护与提升机制

认真贯彻落实“十分珍惜、合理利用土地和切实保护耕地”基本国策，深化改革，建立健全耕地资源保护制度。结合各地实际情况，积极探索建立健全耕地保护与提升机制，广泛调动各方力量保护耕地，牢牢守住耕地红线。加强对耕地保护责任主体的补偿激励。积极推进中央和地方各级涉农资金整合，综合考虑耕地保护面积、耕地质量状况、粮食播种面积、粮食产量和粮食商品率，以及耕地保护任务量等因素，统筹安排资金，按照谁保护、谁受益的原则，加大耕地保护补偿力度。鼓励地方统筹安排财政资金，对承担耕地保护任务的农村集体经济组织和农户给予奖补。奖补资金发放要与耕地保护责任落实情况挂钩，主要用于农田基础设施后期管护与修缮、地力培育、耕地保护管理等。在生态条件允许的前提下，支持耕地后备资源丰富地区有序推进土地整治增加耕地，补充耕地指标可对口向经济发达地区调剂，补充耕地指标调剂收益由县级政府通过预算安排用于耕地保护、农业生产和农村经济社会发展。支持占用耕地地区在支付补充耕地指标调剂费用基础上，通过实施产业转移、支持基础设施建设等多种方式，对口扶持补充耕地地区，调动补充耕地地区保护耕地的积极性。

延伸阅读

1. 中共中央党史和文献研究院：《十九大以来重要文献选编》（上），中央文献出版社 2019 年版。

2. 唐洪兵、李秀华：《农业生态环境与美丽乡村建设》，中国农业科学技术出版社 2016 年版。

3. 朱昌雄：《农业生物资源与环境修复》，中国农业科学技术出版社 2009 年版。

深度思考

1. 当前农业主要依靠化肥、农药、种子、大棚或地膜种植等现代手段进行种植生产，但在农业产量提高的同时，农产品产地环境也遭受到了不同程度的污染，如何在依靠现代科技手段增产的同时又能保护农产品产地环境？

2. 如何协调耕地保护与经济发展用地紧缺的矛盾？

3. 怎样建设田园生态系统，推动乡村生态振兴？

第二章

积极推进农业循环化发展

2016年12月21日，习近平总书记在中央财经领导小组第十四次会议的讲话中指出：要坚持政府支持、企业主体、市场化运作的方针，以沼气和生物天然气为主要处理方向，以就地就近用于农村能源和农用有机肥为主要使用方向，力争在“十三五”时期，基本解决大规模畜禽养殖场粪污处理和资源化问题。为贯彻落实习近平总书记提出的新发展理念，应加快推动农业资源利用高效化、农业投入减量化、农业废弃物利用资源化、农业生产过程清洁化，大力发展种养结合循环农业，促进农业资源循环利用、农业产业循环发展。

一、加快推进农业标准化生产

农业标准化生产是促进现代农业发展、增强农产品市场竞争力的基础，是提高农产品质量安全水平的重要保证。因此，各地应立足环境和资源优势，积极推进农业标准化生产，提高农业综合生产能力，对促进农业生产增长方式的改变和农民生态观念的转变，实现乡村生态振兴具有重要意义。

（一）大力实施标准化生产，规范生产经营行为

各地要因地制宜，加快农产品质量安全标准的制定、修订步伐，逐

步实现农产品生产、加工、销售诸环节相关标准的配套、统一。加快对高水平技术标准的研制，不断提高农产品质量安全标准的适应性。进一步加大农产品质量安全标准的实施力度。农产品生产和流通各环节要严格执行强制性国家标准和行业标准，积极引用推荐性国家标准和行业标准，鼓励企业制定严于国家标准或者行业标准的企业标准，鼓励采用国际标准或者国外先进标准。加快各类农业标准化示范区、标准化生产（养殖）基地的建设。推广“龙头 + 基地 + 农户”模式，将农业标准化示范区、生产（养殖）基地建设与农业科技推广、无公害生产基地、绿色食品和有机农产品生产基地以及良好农业规范试点建设等项目紧密结合起来，不断扩大农业标准化生产规模。加强对生产加工企业、农民专业合作经济组织、专业协会的建设和管理，发挥标准化生产的龙头带动作用。加快推进农产品批发市场标准化工作，按照《农产品批发市场管理技术规范》和《〈农产品批发市场管理技术规范〉实施细则》的要求，建立农产品批发市场标准体系，切实发挥标准化在农产品批发市场经营秩序和流通领域农产品质量安全中的保障、支撑作用。

（二）加快农产品质量认证，培育发展品牌、名牌

加快推进农产品质量认证工作，对生产管理比较规范、质量保障体系比较完善的生产（养殖）基地和生产加工企业，鼓励进行无公害农产品、绿色食品和有机农产品认证。特别是备受城乡居民关注的“菜篮子”产品，要制定激励政策，鼓励进行大规模产地认定和产品认证。积极推进种养殖 GAP 认证、加工领域 HACCP 认证及农业投入品认证，逐步形成以无公害农产品、绿色食品、有机农产品认证为主体，农业投入品认证为补充的认证体系。加快认证国际化，鼓励开展 HACCP 认证和 ISO

等各种质量管理认证，有条件的地方可开展良好农业规范（GAP）认证试点工作。加快培育品牌、名牌，加大品牌整合、市场开拓和诚信体系建设力度，支持做大做强优势产业，增强整体市场竞争能力。同时，发挥市场引导作用，通过展览、展销等形式，不断扩大名牌影响，加快资源优势向品牌优势、价格优势的转变。

（三）加强农产品包装标识管理，强化产品质量安全追溯

建立农产品包装标识制度，是强化农产品质量安全监管、实施质量追踪溯源、落实质量责任的基本前提，也是对农产品传统销售方式的重大改革。各地要鼓励农产品实行包装标识上市，让消费者了解产品的品种、产地、生产者、销售者和质量等级等信息。同时，通过规范包装标识，促进产品的深度开发和增值。要坚持先易后难、先重点后一般、循序渐进的原则，推行包装标识制度，农产品生产企业、农民专业合作经济组织以及从事农产品收购的单位和个人要首先进行产品包装标识；获得无公害农产品、绿色食品、有机食品等认证的农产品要努力实行包装标识上市；大型批发市场和超市要积极推行包装标识制度。依法加强农产品包装标识的规范化管理，严厉打击假冒标识行为，切实保护生产者、消费者的合法权益。

典型案例

山东省寿光市农产品标准化建设

山东寿光全力加快农业产品标准化建设，制定的《农业标准化生产操作规程汇编》等各类规章，将农业生产全部纳入标准化

体系，寿光已经发展成“全国最安全、最放心的蔬菜基地”。

（一）建立农产品标准化生产园区

一是以龙头企业为主体建设大型园区。按照“集中连片、规模经营、绿色有机”的原则，通过土地流转、集中建设的方式，积极扶持和引导龙头企业建设封闭式大型农业园区，加快引进科技型、高端化农业项目。大力推广生物菌肥培肥地力、生态循环、生物综合防治等绿色有机蔬菜生产关键技术及物理防控技术，建立健全以绿色蔬菜生产技术规程为基础，以生产记录、销售记录等5项档案，产品检测、投入品发放等4项制度为补充的园区标准化生产和服务体系。二是以合作社为主体发展辐射园区。对分散种植农户，采取统一技术指导、统一生产规程、统一产品检测、统一农资供应、统一产品销售“五统一”服务方式，实行农民专业合作社带动农户的模式，大力发展辐射园区，将分散农户生产与园区化服务有机结合，有效地推进了标准化生产发展。

（二）建立连锁式农资服务体系

为从源头上发展标准化生产，积极推进农资销售点经营和连锁配送，采取公开投票选举的方式确立了20多家服务优、质量好、信誉强、服务网络健全的连锁式农资公司作为全市农药定点经销单位。将个体经销户全部纳入大公司统一管理，建立了完善的连锁式农资服务体系。

（三）建立网络化销售服务体系

积极创新交易手段、运作方式和组织体系，推广园区直接配送高等院校、大型企业、高档社区和连锁超市。会员制、网络订购，园区直接配送连锁餐饮企业和高档饭店以及生鲜冷链出口等新型销售模式。打造安全、便捷、畅通、高效的高端农产品销售平台。目前全市建立了以乐购集中配送中心带动园区“工厂化”生产直供全国乐购连锁超市为代表的高端渠道；以蔬菜集团带动“园区化”生产直供龙头企业产加销全产业链为代表的中端渠道；以燎原合作社带动“基地化”社员生产配送超市、饭店为代表的低端渠道，打造了高中低端产品直供网络服务体系。

（四）建立全覆盖检测服务体系

建立健全了以市农产品质量检测中心为龙头，以15处镇街区检测室为骨干，以600多处园区、企业、合作社、市场速测室为网络的蔬菜质量检测服务体系。市级投入3000多万元建立了新检测中心，在承担全市蔬菜质量抽检任务的同时，为全市11处封闭式园区免费提供土壤、水、产品定性定量等检测服务，有力地推进了标准化生产。

（郑林涛:《关于寿光市农产品标准化生产和农业社会化服务体系建设情况的调研报告》,《经济视野》2013年第19期）

二、积极推进农业清洁生产

农业清洁生产是一种实用型农业技术和科学生产管理方式，既可以满足农业生产需要，又可以合理利用资源、保护环境。农业清洁生产实质是在农业生产全过程中，要求生产和使用对环境友好的“绿色”农业投入品，从源头上控制农业污染，降低农业生产和服务过程对环境与人类的风险性。推进农业清洁生产，转变农业增长方式，不仅是防治农业环境污染和保障农产品质量安全的需要，也是实现乡村生态振兴的重要保障。

（一）控制城市和工业“三废”污染

推广农业清洁生产，首先要严格控制城市和工业“三废”污染。各级农业行政主管部门要配合环境保护行政主管部门，加强对本辖区内农产品产地周边污染源的监管，严禁向农产品产地排放或倾倒废气、废水、废油、固体废弃物，严禁把城镇垃圾、污泥直接用作肥料，严禁在农产品产地堆放、储存、处理固体废弃物。在农产品产地周边已堆放、储存、处理固体废弃物的，必须采取切实有效措施，防止造成农产品产地污染。引导乡镇企业聚集发展，完善排污综合治理设施。加大对污染企业的整治力度，依法“取缔关停一批、淘汰退出一批、限期治理一批”，严格控制新增污染企业，加强对重金属污染源的监管。

（二）加强农业生产投入品管理

农业生产投入品主要指化肥、农药、农膜、饵料、饲料添加剂等产品，加强农业生产投入品管理是实现农业清洁生产的重要措施。加强农业投入品的监管，首先，应健全化肥、农药销售登记备案制度，禁止将有毒、有害废弃物用于肥料或造田。其次，实施水产苗种生产许可制度，加强水产苗种监督管理，科学投饵，合理用药。最后，加大对违法违禁生产、销售和使用高毒、高残留、有害农业投入品的处罚力度，营造生产、销售和使用安全农业投入品的良好氛围与环境。

（三）推广节肥节药节水技术

农业清洁生产，节肥节药节水技术是关键。深入开展测土配方施肥、精准农业技术，鼓励农民开展秸秆还田、种植绿肥、增施有机肥。优化配置肥料资源，合理调整施肥结构，改进施肥方式，提高肥料利用率。科学合理使用高效、低毒、低残留农药和先进施药机械，配置杀虫灯，建立多元化、社会化病虫害防治专业服务组织。大力推进专业化统防统治，推广绿色植保技术，进行病虫抗药性监测与治理，提高防治效果和农药利用率，减少农药用量。大力推广节水农业技术，不断提高水资源利用率，缓解水资源供给矛盾。

（四）发展畜禽清洁养殖

发展畜禽清洁养殖是实现农业清洁生产的重要抓手。发展畜禽清洁养殖，要加快畜牧业生产方式转变，合理布局畜禽养殖场（小区），推行农牧结合和生态养殖模式，实现畜牧业与种植业协调发展。科学配制饲料，规范饲料添加剂使用，提高饲料利用率，减少氮、磷等排放。制定畜禽养殖废弃物综合利用规划，推广雨污分流、干湿分离和设施化处理等先进适用的污染防治技术，以生猪、奶牛等标准化规模养殖场（小区）建设项目和大中型畜禽养殖场沼气工程为重点，加强粪污处理设施建设，推进畜禽废弃物的无害化治理和利用。

（五）推进水产健康养殖

水产健康养殖也是实现农业清洁生产的重要措施。要加快制定和完善水产养殖环境技术标准，加强养殖水域滩涂规划和养殖证核发工作，加强水域环境监测力度，合理调整养殖布局，科学确定养殖密度。积极推进养殖池塘标准化改造，改善养殖环境和生产条件。建立标准化水产健康养殖示范场（区），普及推广生态健康水产养殖方式。大力推广安全高效人工配合饲料、工厂化循环水产养殖、水质调控技术和环保装备，减少污染排放。

（六）加强农药化肥氮磷控源治理

农药化肥氮磷控源治理是实现农业清洁生产的重要途径。要因地制宜开展沟渠整理，规范沟渠结构，清挖淤泥，加固边坡，合理配置水生植物群落，配置格栅和透水坝。实施坡耕地氮磷拦截再利用，建设坡耕地生物拦截带和径流集蓄再利用设施，降低农田排水的氮磷等污染物含量。实施农田氮磷拦截。在现有农田排灌渠道基础上，通过生物措施和工程措施相结合，改造修建生态拦截沟，吸附降解农田退水中的营养元素，改善净化水质，促其循环再利用，减少农田氮磷流失。

知识链接

什么是农业清洁生产

农业清洁生产是指应用生物学、生态学、经济学、环境科学、农业科学、系统工程学的理论，运用生态系统的物种共生和物质循环再生等原理，结合系统工程方法所设计的多层次利用和工程技术，并贯穿整个农业生产活动的产前、产中、产后过程。发展农业清洁生产：一是必须提高农业企业及农民的清洁生产意识、知识和技能水平，制定相关的农业清洁生产法规和政策，鼓励和扶持农业清洁生产发展。二是通过实施基本农田建设、庭院生态经济开发、农业废弃物综合利用、农业污染控制等工程，推广适用的生态农业技术模式，建立无公害农产品生产基地。三是建立农业清洁生产的试验示范点、区、园，创办绿色食品企业，创立名牌生态食品，形成地区特色产业，树立地区农业品牌，提高农产品的竞争力。

三、推进农副资源综合开发综合利用

农副资源是指农产品在生产和加工过程中间，产生的一些非主资源。长期以来，农副资源的粗放利用，农副资源的低值化利用，加工废弃物随意排放，已经造成了严重的资源浪费、效益流失和环境污染。因此，对农作物秸秆及农产品加工剩余物等农副资源进行饲料化、肥料化、基料化、能源化等综合开发，对缓解乡村环境污染、提高农民收入、实现乡村振兴具有重大意义。

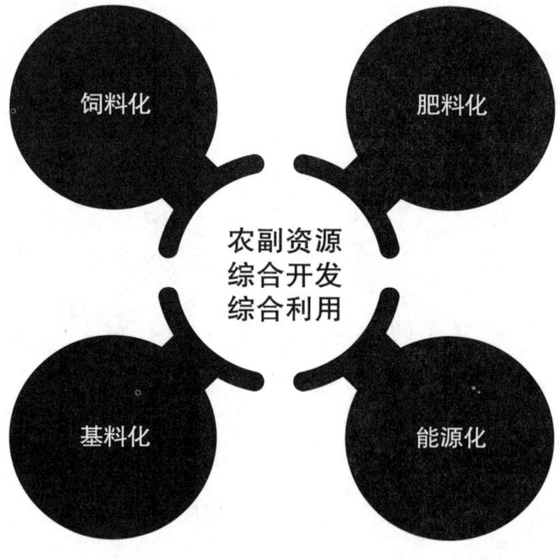

农副资源综合开发综合利用

（一）农副资源饲料化

农副资源饲料化主要包括植物纤维性废弃物饲料化和动物性废弃物饲料化。植物纤维性废弃物主要指秸秆类物质，秸秆中的木质素与糖结合在一起使瘤胃中的微生物及酶很难分解，并且蛋白质低及其他必要营养缺乏，导致直接饲喂不能被动物高效吸收利用，需要对其进一步地加工处理，改进其营养价值，提高适口性和利用率。方法归纳为机械加工、辐射、蒸汽等物理处理；碱化、氨化、氧化等化学处理；青贮、发酵、酶解等生物学处理等。动物性废弃物指以人、禽、畜等的排泄物，及动物残体、加工后的下脚料、屠宰场废弃物。废弃物中含有较多的氮、磷、钾等养分，由于含有大量病菌、虫卵及重金属等，需要经腐熟和无害化处理后才能作为饲料使用。各地应因地制宜完善农副资源收集、储存和运输体系，针对不同的资源种类，采取不同的处理方法。

（二）农副资源肥料化

农副资源肥料划分为直接利用和间接利用。直接利用是一种最直接最省事的方法，农副资源在土壤中通过微生物作用缓慢分解，释放出其中的矿物质养分供作物吸收，分解成的有机质、腐殖质为土壤中微生物及其他生物提供食物，从而一定程度上能够改善土壤结构、培育地力、增进土壤肥力、提高农作物产量。间接利用是指农副资源通过堆沤腐解（堆肥）、烧灰、过腹、菇渣、沼渣或生产有机生物复合肥等方式还田。对农作物秸秆采取直接还田、腐熟还田、堆肥还田等技术，实现肥料化利用；对农产品加工剩余物等采取间接利用，主要通过混合堆沤发酵技术生产有机肥。

（三）农副资源基料化

农副资源基料化是指利用经适当处理的农业废弃物作为农业生产（如栽培食用菌、花卉、蔬菜等及养殖高蛋白蝇蛆、蚯蚓等）的基质原料。农副资源作为基质，主要起支持、固定植株作用，并为植物根系提供稳定协调的水、气、肥等养料。重点以秸秆、农产品加工剩余物等农副资源为主要原料，合理搭配牛粪、麦麸、豆饼等氮源，生产为微生物生长提供一定营养的有机固体物料。

（四）农副资源能源化

农副资源能源化是指以农副资源为原料，生产颗粒、块状、棒状等成型燃料，或者转化为清洁可燃气体，为生产生活提供优质能源。农副资源的能源化利用主要分为厌氧发酵及直燃热解两个方向。厌氧发酵主要以制造沼气为主。农作物秸秆、蔬菜瓜果的废弃物和畜禽粪便都是制沼气的好原料。沼气除了可供日常生活（如烧饭、照明、取暖）外，还可以进行大棚温室种菜、孵化雏鸡、增温养蚕、发电上网、车用燃气供应等，副产品沼液沼渣含有丰富的氮、磷、钾等营养物质，可作为优质的有机肥。直燃热解主要通过利用微生物制氢技术实现农副资源能源化利用。微生物制氢技术是指利用异养型的厌氧菌或固氮菌分解小分子的有机物制氢的过程，具有产氢速率高、不受光照时间限制、可利用的有机物范围广、工艺简单等优点，是农业废弃物利用非常具有潜力的方向。

知识链接

农作物秸秆综合开发利用技术

秸秆饲料化技术：①物理处理方法。这是一种利用人工、机械、热、水、压力等作用，通过改变秸秆的物理性状，使秸秆破碎、软化、降解，从而便于家畜咀嚼和消化的加工方法。②化学处理方法。它是利用一些化学物质来处理秸秆，在打破秸秆营养物质障碍的同时，提高家畜对秸秆利用率的一种方法。③生物处理方法。它是利用有益的微生物（如乳酸菌、酵母菌）和酶等，在适宜的条件下，分解秸秆中难以被家畜消化的纤维素和木质素的一种方法。

秸秆养殖蚯蚓技术：将秸秆经过粉碎堆制处理后，作为蚯蚓饵料饲养蚯蚓。蚯蚓含有多种氨基酸和丰富的粗蛋白质，不仅可用来补充畜禽蛋白质饲料的不足，还可入药。

秸秆作为基料生产食用菌技术：利用农作物秸秆作为基料栽培食用菌，不仅来源丰富，价格低廉，而且可以缓解诸如棉籽壳等其他基料日渐紧缺且价高而影响食用菌生产的问题，大大增加了食用菌生产原料的来源。

秸秆还田技术：农作物秸秆中含有大量的有机质、氮、磷、钾、镁、硫和微量元素，将其通过机械或生物性处理后直接还田，能够有效改良土壤，提高地力，降低生产成本，提高农产品的产量和质量。这项技术主要包括秸秆粉碎还田、根茬粉碎还田、整秆翻埋还田、整秆压扁还田、堆沤还田等形式。

秸秆能源化利用技术：农作物秸秆纤维中的碳占 40% 以上，是很好的能源物质。该项技术主要有秸秆的生物质气化技术、秸秆焚烧发电技术和燃料乙醇生产技术等。另外，利用秸秆原料经烘干或晒干、粉碎，在隔绝空气的条件下，加热得到固体木炭，可加工成多种用途的木炭。

秸秆工业化利用技术：农作物秸秆是一种工业制品的原料，除了可作为造纸原料外，还可以秸秆中的纤维作为原料加工纤维密度板、植物地膜等产品，以秸秆为原料制造餐具、包装材料，利用秸秆中的纤维和木质作为填充材料，以水泥、树脂为基料压制成各种类型的纤维板、轻体隔热墙板等产品。

（高自超 、周元军：《农作物秸秆综合开发利用技术》，《农产品加工》2007 年第 6 期）

四、提高畜禽养殖废弃物资源化利用

近年来，我国畜牧业持续稳定发展，规模化养殖水平显著提高，保障了肉蛋奶供给，但大量养殖废弃物没有得到有效处理和利用，成为农村环境治理的一大难题。抓好畜禽养殖废弃物资源化利用，是实现乡村生态振兴、促进畜牧业转型升级、提高农业可持续发展能力的重要举措。

（一）严格落实畜禽规模养殖环评制度

提高畜禽养殖废弃物资源化利用，首先要严格落实畜禽规模养殖环评制度。对畜禽规模养殖相关规划依法依规开展环境影响评价，调整优化畜牧业生产布局，协调畜禽规模养殖和环境保护的关系。新建或改扩建畜禽规模养殖场，应突出养分综合利用，配套与养殖规模和处理工艺相适应的粪污消纳用地，配备必要的粪污收集、储存、处理、利用设施，依法进行环境影响评价。加强畜禽规模养殖场建设项目环评分类管理和相关技术标准研究，合理确定编制环境影响报告书和登记表的畜禽规模养殖场规模标准。对未依法进行环境影响评价的畜禽规模养殖场，环保部门予以处罚。

（二）完善畜禽养殖污染监管制度

提高畜禽养殖废弃物资源化利用，要完善畜禽养殖污染监管制度。建立畜禽规模养殖场直联直报信息系统，构建统一管理、分级使用、共享直联的管理平台。健全畜禽粪污还田利用和检测标准体系，完善畜禽规模养殖场污染物减排核算制度，制定畜禽养殖粪污土地承载能力测算方法，畜禽养殖规模超过土地承载能力的县要合理调减养殖总量。完善肥料登记管理制度，强化商品有机肥原料和质量的监管与认证。实施畜禽规模养殖场分类管理，对设有固定排污口的畜禽规模养殖场，依法核发排污许可证，依法严格监管。改革完善畜禽粪污排放统计核算方法，对畜禽粪污全部还田利用的畜禽规模养殖场，将无害化还田利用量作为统计污染物削减量的重要依据。

（三）构建种养循环发展机制

提高畜禽养殖废弃物资源化利用，要全面构建种养循环发展机制。畜牧大县要科学编制种养循环发展规划，实行以地定畜，促进种养业在布局上相协调，精准规划引导畜牧业发展。推动建立畜禽粪污等农业有机废弃物收集、转化、利用网络体系，鼓励在养殖密集区域建立粪污集中处理中心，探索规模化、专业化、社会化运营机制。通过支持在田间地头配套建设管网和储粪（液）池等方式，解决粪肥还田“最后一公里”问题。鼓励沼液和经无害化处理的畜禽养殖废水作为肥料科学还田利用。加强粪肥还田技术指导，确保科学合理施用。支持采取政府和社会资本合作（PPP）模式，调动社会资本积极性，形成畜禽粪污处理全产业链。培育壮大多种类型的粪污处理社会化服务组织，实行专业化生产、市场化运营。鼓励建立受益者付费机制，保障第三方处理企业和社会化服务组织合理收益。

（四）落实规模养殖场主体责任制度

提高畜禽养殖废弃物资源化利用，要严格落实规模养殖场主体责任制度。畜禽规模养殖场要严格执行环境保护法、畜禽规模养殖污染防治条例、水污染防治行动计划、土壤污染防治行动计划等法律法规和规定，切实履行环境保护主体责任。畜禽规模养殖场要建设污染防治配套设施并保持正常运行，或者委托第三方进行粪污处理，确保粪污资源化利用。畜禽养殖标准化示范场要带头落实，切实发挥示范带动作用。

知识链接

畜禽养殖废弃物资源化利用主推技术模式

1. 粪污全量还田模式

对养殖场产生的粪便、粪水和污水集中收集，全部进入氧化塘储存。氧化塘分为敞开式和覆膜式两类，粪污通过氧化塘储存进行无害化处理，在施肥季节进行农田利用。

主要优点：粪污收集、处理、储存设施建设成本低，处理利用费用也较低；粪便、粪水和污水全量收集，养分利用率高。

主要不足：粪污储存周期一般要达到半年以上，需要足够的土地建设氧化塘储存设施；施肥期较集中，需配套专业化的搅拌设备、施肥机械、农田施用管网等；粪污长距离运输费用高，只能在一定范围内施用。

适用范围：适用于猪场水泡粪工艺或奶牛场的自动刮粪回冲工艺，粪污的总固体含量小于15%；需要与粪污养分量相配套的农田。

2. 粪便堆肥利用模式（包括条垛式、槽式、筒仓式、高或低架发酵床、异位发酵床）

以生猪、肉牛、蛋鸡、肉鸡和羊规模养殖场的固体粪便为主，经好氧堆肥无害化处理后，就地农田利用或生产有机肥。

主要优点：好氧发酵温度高，粪便无害化处理较彻底，发酵周期短；堆肥处理提高粪便的附加值。

主要不足：好氧堆肥过程易产生大量的臭气。

适用范围：适用于只有固体粪便、无污水产生的家禽养殖场或羊场等。

3. 粪水肥料化利用模式

养殖场产生的粪水经氧化塘处理储存后，在农田需肥和灌溉期间，将无害化处理的粪水与灌溉用水按照一定的比例混合，进行水肥一体化施用。

主要优点：粪水进行氧化塘无害化处理后，为农田提供有机肥水资源，缓解粪水处理压力。

主要不足：要有一定容积的储存设施，周边配套一定农田面积；需配套建设粪水输送管网或购置粪水运输车辆。

适用范围：适用于周围配套有一定面积农田的畜禽养殖场，在农田作物灌溉施肥期间进行水肥一体化施用。

4. 粪污能源化利用模式（含沼渣、沼液、沼气）

以专业生产可再生能源为主要目的，依托专门的畜禽粪污处理企业，收集周边养殖场粪便和粪水，投资建设大型沼气工程，进行厌氧发酵，沼气发电上网或提纯生物天然气，沼渣生产有机肥农田利用，沼液农田利用或深度处理达标排放。

主要优点：对养殖场的粪便和粪水集中统一处理，减少小规模养殖场粪污处理设施的投资；专业化运行，能源化利用效率高。

主要不足：一次性投资高；能源产品利用难度大；沼液产生量大集中，处理成本较高，需配套后续处理利用工艺。

适用范围：适用于大型规模养殖场或养殖密集区，具备沼气发电上网或生物天然气进入管网条件，需要地方政府配套政策予以保障。

5. 粪便基质化利用模式

以畜禽粪污、菌渣及农作物秸秆等为原料，进行堆肥发酵，生产基质盘和基质土应用于栽培果菜。

主要优点：畜禽粪污、食用菌废弃菌渣、农作物秸秆三者结合，科学循环利用，实现农业生产链零废弃、零污染的生态循环生产，形成一个有机循环农业综合经济体系，提高资源综合利用率。

主要不足：生产链较长，精细化技术程度高，要求生产者的整体素质高，培训期、实习期较长。

适用范围：该模式既适用大中型生态农业企业，又适合小型农村家庭生态农场，同时适合小型农村家庭农场分工、联合经营。

6. 粪便垫料化利用模式

基于奶牛粪便纤维素含量高、质地松软的特点，将奶牛粪污固液分离后，固体粪便进行好氧发酵无害化处理后回用作为牛床垫料，污水储存后作为肥料进行农田利用。

主要优点：牛粪替代沙子和土作为垫料，减少粪污后续处理难度。

主要不足：作为垫料，如无害化处理不彻底，可能存在一定的生物安全风险。

适用范围：适用于规模奶牛场。

7. 粪便饲料化利用模式（主要养殖蚯蚓、蝇蛆、黑水虻等）

畜禽养殖过程中的干清粪与蚯蚓、蝇蛆及黑水虻等动物蛋白质进行堆肥发酵，生产有机肥用于农业种植，发酵后的蚯蚓、蝇蛆及黑水虻等动物蛋白用于制作饲料等。

主要优点：改变了传统利用微生物进行粪便处理的理念，可以实现集约化管理，成本低，资源化效率高，无二次排放及污染，实现生态养殖。

主要不足：动物蛋白饲养温度、湿度、养殖环境的透气性要求高，要防止鸟类等天敌的偷食。

适用范围：适用于远离城镇，养殖场有闲置地，周边有农田，农副产品较丰富的中大规模养殖场。

8. 粪便燃料化利用模式（生物干化、生物质压块燃料）

畜禽粪便经过搅拌后脱水加工，进行挤压造粒，生产生物质燃料棒。

主要优点：畜禽粪便制成生物质环保燃料，作为替代燃煤生产用燃料，成本比燃煤价格低，减少二氧化碳和二氧化硫排放量。

主要不足：粪便脱水干燥能耗较高。

适用范围：适用于城市和工业燃煤需求量较大的地区。

9. 粪水达标排放模式

养殖场产生的粪水通过厌氧发酵＋好氧处理等组合工艺进行深度处理，粪水达到《畜禽养殖业污染物排放标准》或地方标准后直接排放，固体粪便进行堆肥发酵就近肥料化利用或委托他人进行集中处理。

主要优点：粪水深度处理后，实现达标排放；不需要建设大型粪水储存池，可减少粪污储存设施的用地。

主要不足：粪水处理成本高，大多养殖场难承受。

适用范围：适用于养殖场周围没有配套农田的规模化猪场或奶牛场。

（《农民日报》2017 年 12 月 6 日）

五、开展种养结合循环农业示范工程建设

种养结合是种植业和养殖业紧密衔接的生态农业模式，是将畜禽养殖产生的粪污作为种植业的肥源，种植业为养殖业提供饲料，并消纳养殖业废弃物，使物质和能量在动植物之间进行转换的循环式农业。开展种养结合循环农业示范工程建设，有利于提高农业资源利用效率、保护农业生态环境、促进乡村生态振兴。

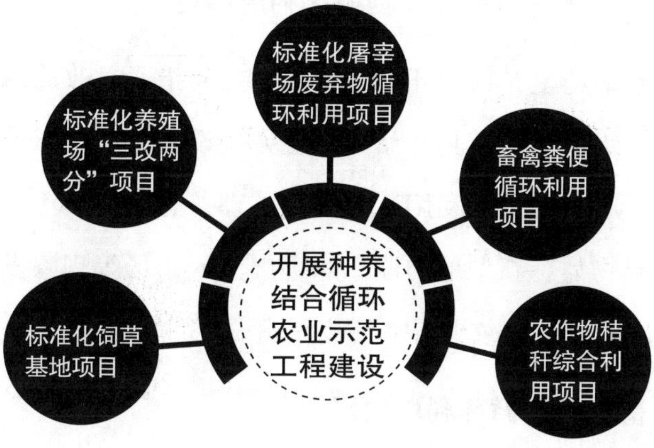

开展种养结合循环农业示范工程建设

（一）标准化饲草基地项目

饲草料是畜牧业稳定发展的基础，是畜牧业发展的关键制约因素。通过实施饲草基地项目，可以促进农业结构调整，减少对粮食型饲料的依靠，丰富“菜篮子”市场，改善人民群众的膳食结构，增加农民收入，保护生态环境。标准化饲草基地项目要重点开展饲草种植和青贮饲料专业化生产示范建设。

（二）标准化养殖场“三改两分”项目

标准化养殖场“三改两分”项目是指改水冲清粪或人工干清粪为漏缝地板下刮粪板清粪、改无限用水为控制用水、改明沟排污为暗道排污，固液分离、雨污分离。实施养殖场“三改两分”项目，要建造高标准规模养殖场，营造良好的饲养环境，加强动物疫病防控，提高动物生产性能，保障食品安全，减少环境污染，降低养殖废弃物处理成本。

（三）标准化屠宰场废弃物循环利用项目

标准化屠宰场废弃物循环利用项目，主要指通过改造污水粪污处理设施设备，升级病害猪及其产品无害化处理设施，实现标准化屠宰场污水粪污和屠宰废弃物循环利用、无害化处理，有效防治污水粪污污染环境、屠宰废弃物熬炼新型地沟油、病害肉流入市场等现象发生，切实保障上市肉品质量安全，减少屠宰环节环境污染问题。

（四）畜禽粪便循环利用项目

畜禽粪便循环利用项目主要包括沼渣沼液还田项目和有机肥深加工项目两类。

沼渣沼液还田项目，可以实现种养业废弃物的循环利用，解决养殖区域环境污染问题，促进养殖业可持续发展，改善养殖场和周边农村的生态环境。在农户居住区较近、秸秆资源或畜禽粪便丰富的地区，以自然村、镇为单元，发展以畜禽粪便、秸秆为原料的沼气生产，用作农户生活用能，沼渣沼液还田利用。在远离居住区、有足够农田消纳沼液且沼气发电自用或上网的地区，依托大型养殖场，发展以畜禽粪便、秸秆为原料的沼气发电，养殖场自用或并入电网，固体粪便生产有机肥，沼渣沼液还田利用。

有机肥深加工项目，是指将大量集中或分散的畜禽粪便加工成有机肥，既有利于保护环境，又可以培肥地力，改善作物品质。实施有机肥深加工项目，需要建设区域畜禽粪便收集处理站，收集、储存和堆肥处理10公里范围内中小规模养殖场或散养密集区内畜禽粪便和农作物秸秆，堆肥后就地还田利用或作为有机肥产品参与市场大循环。

（五）农作物秸秆综合利用项目

农作物秸秆综合利用项目是指在秸秆资源丰富和牛羊养殖量较大的粮食主产区，根据种植业、养殖业的现状和特点，优先满足大牲畜饲料需要，合理引导炭化还田改土等肥料化利用方式，并推进秸秆饲料化、秸秆炭化还田改土、秸秆基质化、秸秆燃料化等综合使用。

典型案例

浙江省龙游县种养结合循环农业案例

龙游县是畜禽养殖大县，现有养殖场461家，生猪存栏34.1万头，年产生畜禽粪便排泄物27.4万吨。通过科学布局种养产业，配套建设畜禽粪便、秸秆、沼气、沼液配送、有机肥加工等设施，构建了以主体内种养结合为重点的主体小循环，区域内种养配套沼液综合利用为重点的园区中循环，县域内农业废弃物循环利用为重点的县域大循环，规模畜禽养殖场粪污资源化利用率达到99%以上。在农业生产经营主体内部，积极推广“吉祥模式”，即“猪—沼—

作物”自我消纳模式，实现种养配套、就地消纳；区域内养殖业和种植业紧密联结，通过沼液池和管网建设，实现养殖小区沼液到园区基地应用，积极推广“箬塘模式”，即以小南海镇箬塘村为样板，通过规模养殖场和种植业基地对接，将区域内养殖场产生的沼液统一铺设管网输送至种植基地，由村委会与各养殖场签订沼液服务协议书，按2元/吨向养殖户收取沼液处理费，组建专业服务队负责沼液输送及管网维护，为种植户免费提供沼液喷滴灌溉服务，年可为村集体经济创收12万元，构成养殖户省心、种植户得惠、村集体增收三方共赢的区域中循环模式；立足县域，推广“猪粪收集—沼气发电—有机肥生产—种植业利用”模式，依托浙江开启能源科技有限公司对县域内300多家规模猪场实行生猪排泄物定期集中收集，所收集的畜禽排泄物，通过厌氧发酵产生沼气用于发电，产生沼渣进行固液分离，固体部分用于生产固体有机肥，沼液输送至种植基地消纳，实现县域大循环。

——《种养结合循环农业示范工程建设规划（2017—2020年）》

延伸阅读

1. 李吉进、张一帆、孙钦平：《农业资源再生利用与生态循环农业绿色发展》，化学工业出版社2019年版。

2. 冷志杰、于晓秋等：《发展农业循环经济的机制与对策研究》，科学出版社2012年版。

深度思考

1. 进行农业清洁生产需要较大的资金投入，而农业生产本身又属于利润较低的产业，如何有效协调两者的矛盾？

2. 农副资源综合开发综合利用需要较高的技术和资金投入，而农民在生产经营中主要缺少技术和资金，如何进行解决？

3. 怎样建设种养结合循环农业示范工程？地方政府如何支持？

第三章

农业环境污染综合整治

在三大攻坚战中，污染防治是其中一大攻坚战。加强生态环境保护、坚决打好污染防治攻坚战是党和国家的重大决策部署。《中共中央 国务院关于全面加强生态环境保护 坚决打好污染防治攻坚战的意见》明确要求打好农业农村污染治理攻坚战。新时代背景下，生态文明建设迈上新台阶，环境治理也进入纵深阶段。但随着农业不断地发展，农业环境污染问题日益严峻。党的十九大报告提出要“加强农业面源污染防治”。治理农业环境污染，已成为党和国家着力解决的突出环境问题。农业环境污染综合整治，不但是实施乡村生态振兴战略的重要任务，而且对推进农业绿色发展，践行绿水青山就是金山银山的理念具有重要意义。

一、开展农用地土壤污染防治

土壤是经济社会可持续发展的物质基础，关系人民群众身体健康，关系美丽中国建设，保护好农用地土壤环境是推进乡村生态振兴和维护国家生态安全的重要内容。《中共中央 国务院关于全面加强生态环境保护 坚决打好污染防治攻坚战的意见》对“强化土壤污染管控和修复”作出明确要求，为农用地土壤污染防治指明了方向。

（一）切实加大农用地土壤保护力度

各地区要切实加大农用地土壤保护力度，产粮（油）大县要制定土壤环境保护方案。高标准农田建设项目向优先保护类耕地集中的地区倾斜。加快推行秸秆还田、增施有机肥、少耕免耕、粮豆轮作、农膜减量与回收利用等措施。农村土地流转的受让方要履行土壤保护的责任，避免因过度施肥、滥用农药等掠夺式农业生产方式造成土壤环境质量下降。各级政府要对本行政区域内优先保护类耕地面积减少或土壤环境质量下降的区域，进行预警提醒并依法采取环评限批等限制性措施。

（二）着力推进农用地土壤安全利用

各地要根据土壤污染状况和农产品超标情况，结合当地主要作物品种和种植习惯，制定实施受污染耕地安全利用方案，采取农艺调控、替代种植等措施，降低农产品超标风险。严格控制林地、草地、园地的农药使用量，禁止使用高毒、高残留农药。完善生物农药、引诱剂管理制度，加大使用推广力度。加强对重度污染林地、园地产出食用农（林）产品质量检测，发现超标的，要采取种植结构调整等措施。加强对严格管控类耕地的用途管理，依法划定特定农产品禁止生产区域，严禁种植食用农产品；对威胁地下水、饮用水水源安全的，有关县（市、区）要制定环境风险管控方案，并落实有关措施。

（三）有序开展农用地土壤污染治理与修复

各地区应有序开展农用地土壤污染治理与修复，明确治理与修复主体，按照“谁污染、谁治理”原则，造成土壤污染的单位或个人要承担治理与修复的主体责任。要以影响农产品质量和人居环境安全的突出土壤污染问题为重点，制定土壤污染治理与修复规划，根据耕地土壤污染程度、环境风险及其影响范围，确定治理与修复的重点区域，明确重点任务、责任单位和分年度实施计划，建立项目库。各地环境保护部门要定期向上级部门报告土壤污染治理与修复工作进展；环境保护部门要会同有关部门进行督导检查。同时委托第三方机构对本行政区域土壤污染治理与修复成效进行综合评估，结果向社会公开。

（四）加大农用地土壤污染防治投入

地方各级财政加大对土壤污染防治工作的支持力度，设立土壤污染防治专项资金，用于土壤环境调查与监测评估、监督管理、治理与修复等工作。应统筹相关财政资金，通过现有政策和资金渠道加大支持，将农业综合开发、高标准农田建设、农田水利建设、耕地保护与质量提升、测土配方施肥等涉农资金，更多用于优先保护类耕地集中的县（市、区）。有条件的地区可对优先保护类耕地面积增加的县（市、区）予以适当奖励。通过政府和社会资本合作（PPP）模式，发挥财政资金撬动功能，带动更多社会资本参与土壤污染防治。加大政府购买服务力度，推动受污染耕地和以政府为责任主体的污染地块治理与修复。积极发展绿色金融，发挥政策性和开发性金融机构引导作用，为重大土壤污染防治项目提供支持。

知识链接

土壤污染的治理方法

培肥土壤：增施有机肥，提高土壤蓄水蓄肥能力，为土壤微生物提供良好的生存环境，从而提高土壤的自净能力。

深翻换土：通过将被污染的表层土壤深翻到底层，让未被污染的底层土壤翻上来，来改变可耕作土壤的栽培环境。

生物净化：动物中可通过蚯蚓降解土壤中有害物质来净化土壤，植物中培养出各种转基因植物，让它们吸收土壤中的有害物质，然后集中起来焚烧处理，这样，经过植物吸收后的重金属还可以提炼出来，变废为宝，不但净化了土壤，还获得了贵重的重金属。

二、开展养殖污染综合治理

农业环境污染综合整治，养殖污染治理是关键。加强农村养殖污染治理，应重点从推进养殖生产过程清洁化和产业模式生态化、加强畜禽粪污资源化利用、严格畜禽规模养殖环境监管、加强水产养殖污染防治和水生生态保护、提高沼气和生物天然气利用效率五个方面着手。

（一）推进养殖生产过程清洁化和产业模式生态化

推进养殖生产清洁化和产业模式生态化，首先应优化调整畜禽养殖布局，推进畜禽养殖标准化示范创建升级，带动畜牧业绿色可持续发展。推行规模养殖场精细化管理，实施科学规范的饲养管理规程，推广智能化精准饲喂，提高饲料转化效率，严格规范兽药、饲料添加剂的生产和使用，加强养殖环境自动化控制。推广节水、节料等清洁养殖工艺和干清粪、微生物发酵等实用技术，实现源头减量。严格规范兽药、饲料添加剂的生产和使用，严厉打击生产企业违法违规使用兽用抗菌药物的行为。推进水产生态健康养殖，实施水产养殖池塘标准化改造。继续开展畜禽养殖标准化示范创建活动，大力发展畜禽标准化规模养殖，支持规模养殖场发展生态养殖，改造圈舍设施，提升集约化、自动化、现代化养殖水平，推动畜牧业生产方式转变。

（二）加强畜禽粪污资源化利用

推进畜禽粪污资源化利用，实现生猪等畜牧大县整县畜禽粪污资源化利用。鼓励引导规模养殖场建设必要的粪污处理利用配套设施，对现有基础设施和装备进行改造升级。鼓励养殖密集区建设集中处理中心，开展专业化集中处理。印发畜禽粪污资源化利用技术指导意见和典型技术模式，集成推广清洁养殖工艺和粪污资源化利用模式，指导规模养殖场选择科学合理的粪污处理方式。加强畜禽粪污资源化利用技术集成，因地制宜推广粪污全量收集还田利用等技术模式。各县（市、区）畜牧部门要针对本行政区域内不同规模养殖场的特点，逐场制定粪污资源化利用方案，做好技术指导和服务。

（三）严格畜禽规模养殖环境监管

各地应将规模以上畜禽养殖场纳入重点污染源管理，对年出栏生猪5000头（其他畜禽种类折合猪的养殖规模）以上和涉及环境敏感区的畜禽养殖场（小区）执行环评报告书制度，其他畜禽规模养殖场执行环境影响登记表制度，对设有排污口的畜禽规模养殖场实施排污许可制度。将符合有关标准和要求的还田利用量作为统计污染物削减量的重要依据。推动畜禽养殖场配备视频监控设施，记录粪污处理、运输和资源化利用等情况，防止粪污偷运偷排。完善畜禽规模养殖场直联直报信息系统，构建统一管理、分级使用、共享直联的管理平台。南方水网地区要以水环境质量改善为导向，加快畜禽粪污资源化利用，着力提升畜禽粪污综合利用率和规模养殖场粪污处理设施装备配套率。

（四）加强水产养殖污染防治和水生生态保护

优化水产养殖空间布局，依法科学划定禁止养殖区、限制养殖区。推进水产生态健康养殖，积极发展大水面生态增养殖、工厂化循环水养殖、池塘工程化循环水养殖、连片池塘尾水集中处理模式等健康养殖方式，推进稻渔综合种养等生态循环农业。推动出台水产养殖尾水排放标准，加快推进养殖节水减排。发展不投饵滤食性、草食性鱼类增养殖，实现以渔控草、以渔抑藻、以渔净水。严控河流、近岸海域投饵网箱养殖。大力推进以长江为重点的水生生物保护行动，修复水生生态环境，加强水域环境监测。

（五）提高沼气和生物天然气利用效率

立足农村能源革命的总体要求，推动以畜禽粪污为主要原料的能源化、规模化、专业化沼气工程建设，促进农村能源发展和环境保护。支持规模养殖场和专业化企业生产沼气、生物天然气，促进畜禽粪污能源化，更多用于农村清洁取暖。优化沼气工程设施、技术和工艺，引导大规模养殖场在生产、生活用能中加大沼气或沼气发电利用比例。实施农村沼气工程项目，重点支持以沼气工程为纽带，实现苹果、柑橘、蔬菜、茶叶等高效经济作物种植与畜禽养殖有机结合的果（菜、茶）沼畜种养循环项目。支持大型粪污能源化利用企业建立粪污收集利用体系，配套与粪污处理规模相匹配的消纳土地，促进沼液就近就地还田利用。

知识链接

国内畜禽粪污资源化利用典型模式

在各地推进畜禽粪污处理的基础上，现收集整理了畜禽粪污资源化处理的7种典型模式，以期发挥示范带动作用。

1. 粪污全量收集还田利用模式

主要优点：设施建设成本低，处理利用费用也较低；粪便和污水全量收集，养分利用率高。

适用范围：适用于猪场水泡粪工艺或奶牛场的自动刮粪回冲工艺，粪污的总固体含量小于15%；需要与粪污养分量相配套的农田。

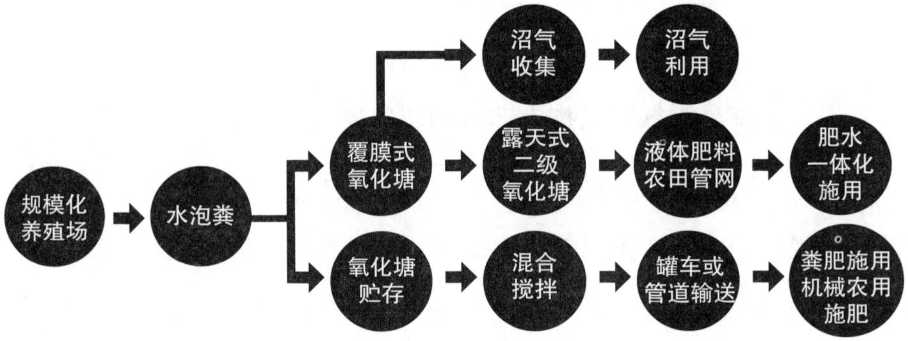

粪污全量收集还田利用模式工艺流程

2. 粪污专业化能源利用模式

主要优点：对养殖场粪污集中统一处理，减少小规模养殖场粪污处理设施的投资；专业化运行，能源化利用效率高。

适用范围：适用于大型规模养殖场或养殖密集区，需要地方政府配套政策予以保障。

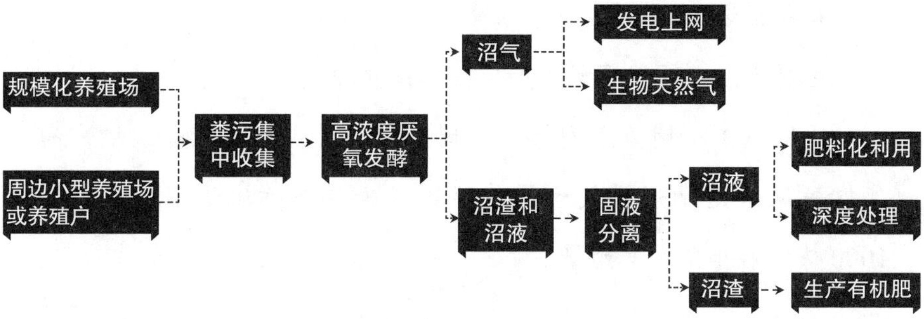

粪污专业化能源利用模式工艺流程

3. 固体粪便堆肥利用模式

主要优点：好氧发酵温度高，粪便无害化处理较彻底，发酵周期短，提高粪便的附加值。

适用范围：适用于只有固体粪便、无污水产生的规模化肉鸡场、鸡蛋场或羊场等。

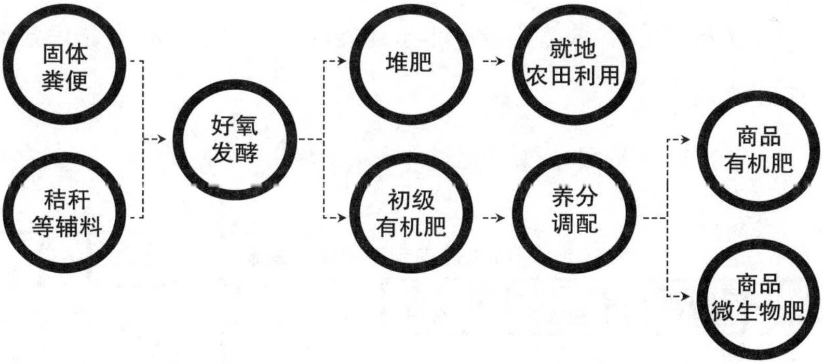

固体粪便堆肥利用模式工艺流程

4. 异位发酵床模式

主要优点：饲养过程不产生污水，处理成本低。

适用范围：南方水网地区，周围农田受限的生猪养殖场，高架发酵床适用于规模较大的养殖场，舍外发酵床适用于年出栏1000头左右生猪的养殖场。

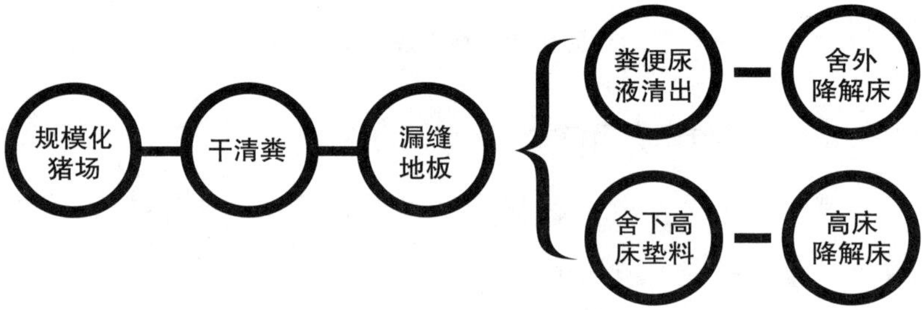

异位发酵床模式工艺流程

5. 粪便垫料回用模式

主要优点：牛粪替代沙子和土作为牛床垫料，减少粪污后续处理难度。

适用范围：适用于规模化奶牛场。

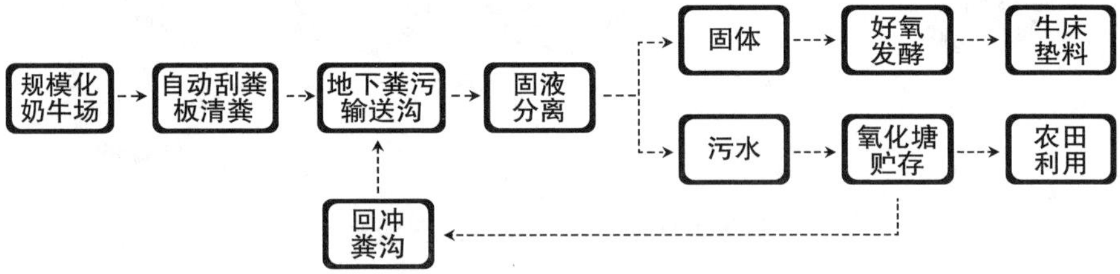

粪便垫料回用模式工艺流程

6. 污水肥料利用模式

主要优点：为农田提供有机肥水资源，解决污水处理压力。

适用范围：适用于周围配套有一定面积农田的规模化猪场或奶牛场，在南方宜适用厌氧发酵生产沼气等方式进行无害化处理，在北方宜直接适用氧化塘储存。

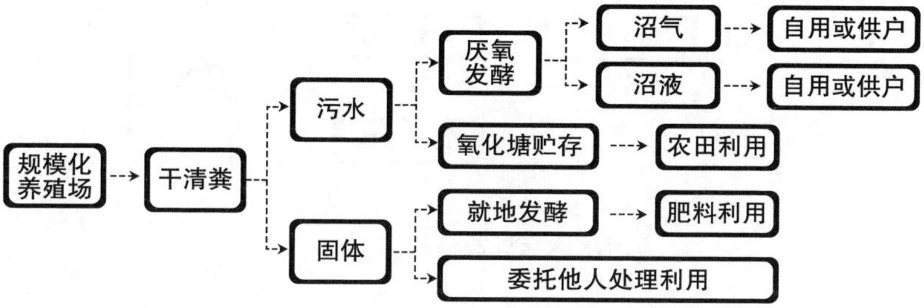

污水肥料利用模式工艺流程

7. 污水达标排放模式

主要优点：污水深度处理后，实现达标排放，不需要建设大型污水处理储存池，可减少粪污储存设施用地。

适用范围：适用于养殖场周围没有配套农田的规模化猪场或奶牛场。

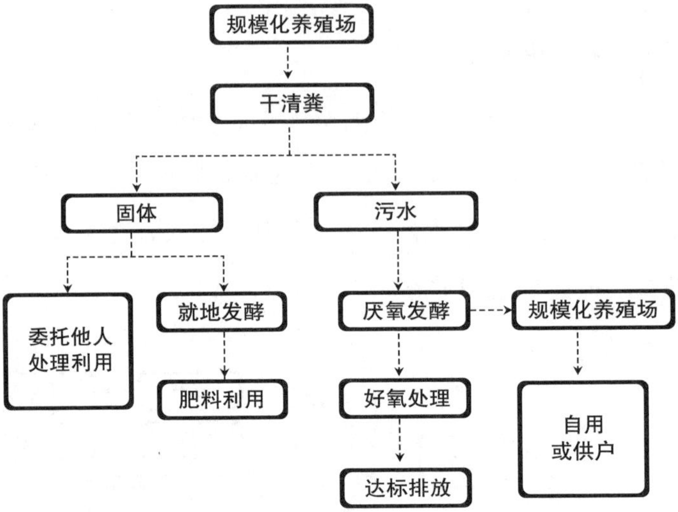

污水达标排放模式工艺流程

三、开展农业生产化肥减量行动

牢固树立“增产施肥、经济施肥、环保施肥”理念，紧密结合农业农村部《到 2020 年化肥使用量零增长行动方案》，加快转变施肥方式，深入推进科学施肥，大力开展耕地质量保护与提升，增加有机肥资源利用，减少不合理化肥投入，促进农业生态环境安全。

（一）推进测土配方施肥

在总结经验的基础上，创新实施方式，加快成果应用，在更大规模和更高层次上推进测土配方施肥。一是拓展实施范围。在巩固基础工作、继续做好粮食作物测土配方施肥的同时，扩大在设施农业及蔬菜、果树、茶叶等经济园艺作物上的应用，基本实现主要农作物测土配方施肥全覆盖。二是强化农企对接。充分调动企业参与测土配方施肥的积极性，筛选一批信誉好、实力强的企业深入开展合作，按照“按方抓药”“中成药”“中草药代煎”“私人医生”四种模式推进配方肥进村入户到田。三是创新服务机制。积极探索公益性服务与经营性服务结合、政府购买服务的有效模式，支持专业化、社会化服务组织发展，向农民提供统测、统配、统供、统施“四统一”服务。创新肥料配方制定发布机制，完善测土配方施肥专家咨询系统，利用现代信息技术助力测土配方施肥技术推广。

（二）推进施肥方式转变

充分发挥种粮大户、家庭农场、专业合作社等新型经营主体的示范带头作用，强化技术培训和指导服务，大力推广先进适用技术，促进施肥方式转变。一是推进机械施肥。按照农艺农机融合、基肥追肥统筹的原则，加快施肥机械研发，因地制宜推进化肥机械深施、机械追肥、种肥同播等技术，减少养分挥发和流失。二是推广水肥一体化。结合高效节水灌溉，示范推广滴灌施肥、喷灌施肥等技术，促进水肥一体下地，提高肥料和水资源利用效率。三是推广适期施肥技术。合理确定基肥施用比例，推广因地、因苗、因水、因时分期施肥技术。因地制宜推广小麦、水稻叶面喷施和果树根外施肥技术。

（三）推进新肥料新技术应用

立足农业生产需求，整合科研、教学、推广、企业力量，加大研发投入力度，追踪国际前沿技术，开展联合攻关。一是加强技术研发。组建一批产学研推相结合的研发平台，重点开展农作物高产高效施肥技术研究，速效与缓效、大量与中微量元素、有机与无机、养分形态与功能融合的新产品及装备研发。二是加快新产品推广。示范推广缓释肥料、水溶性肥料、液体肥料、叶面肥、生物肥料、土壤调理剂等高效新型肥料，不断提高肥料利用率，推动肥料产业转型升级。三是集成推广高效施肥技术模式。结合高产创建和绿色增产模式攻关，按照土壤养分状况和作物需肥规律，分区域、分作物制定科学施肥指导手册，集成推广一批高产、高效、生态施肥技术模式。

（四）推进有机肥资源利用

适应现代农业发展和我国农业经营体制特点，积极探索有机养分资源利用的有效模式，加大支持力度，鼓励引导农民增施有机肥。一是推进有机肥资源化利用。支持规模化养殖企业利用畜禽粪便生产有机肥，推广“规模化养殖 + 沼气 + 社会化出渣运肥”模式，支持农民积造农家肥，施用商品有机肥。二是推进秸秆养分还田。推广秸秆粉碎还田、快速腐熟还田、过腹还田等技术，研发具有秸秆粉碎、腐熟剂施用、土壤翻耕、土地平整等功能的复式作业机具，使秸秆取之于田、用之于田。三是因地制宜种植绿肥。充分利用南方冬闲田和果茶园土肥水光热资源，推广种植绿肥。在有条件的地区，引导农民施用根瘤菌剂，促进花生、大豆和苜蓿等豆科作物固氮肥田。

四、开展农业生产农药减量行动

结合农业农村部《到 2020 年农药使用量零增长行动方案》，大力推广新型农药，提升装备水平，加快转变病虫害防控方式，大力推进绿色防控、统防统治，构建资源节约型、环境友好型病虫害可持续治理技术体系，实现农药减量控害，减轻农业面源污染，保护农田生态环境，促进生产与生态协调发展。

（一）构建病虫监测预警体系

按照先进、实用的原则，重点建设一批自动化、智能化田间监测网点，健全病虫监测体系；配备自动虫情测报灯、自动计数性诱捕器、病害智能监测仪等现代监测工具，提升装备水平；完善测报技术标准、数学模型和会商机制，实现数字化监测、网络化传输、模型化预测、可视化预报，提高监测预警的时效性和准确性。

（二）推进科学用药

农业科学用药的重点是“药、械、人”三要素协调提升。一是推广高效低毒低残留农药。扩大低毒生物农药补贴项目实施范围，加快高效低毒低残留农药品种的筛选、登记和推广应用，推进小宗作物用药试验、登记，逐步淘汰高毒农药。科学采用种子、土壤、秧苗处理等预防措施，减少中后期农药施用次数。对症选药，合理添加喷雾助剂，促进农药减量增效，提高防治效果。二是推广新型高效植保机械。因地制宜推广自走式喷杆喷雾机、高效常温烟雾机、固定翼飞机、直升机、植保无人机等现代植保机械，采用低容量喷雾、静电喷雾等先进施药技术，提高喷雾对靶性，降低飘移损失，提高农药利用率。三是普及科学用药知识。以新型农业经营主体及病虫防治专业化服务组织为重点，培养一批科学用药技术骨干，辐射带动农民正确选购农药、科学使用农药。

（三）推进绿色防控

加大政府扶持，充分发挥市场机制作用，加快绿色防控推进步伐。一是集成推广一批技术模式。因地制宜集成推广适合不同作物的病虫害绿色防控技术模式，解决技术不配套、不规范的问题，加快绿色防控技术推广应用。二是建设一批绿色防控示范区。重点选择大中城市蔬菜基地、南菜北运蔬菜基地、北方设施蔬菜基地、园艺作物标准园、“三品一标”农产品生产基地，建设一批绿色防控示范区，帮助农业企业、农民合作社提升农产品质量、创响品牌，实现优质优价，带动大面积推广应用。三是培养一批技术骨干。以农业企业、农民合作社、基层植保机构为重点，培养一批技术骨干，带动农民科学应用绿色防控技术。此外，大力开展清洁化生产，推进农药包装废弃物回收利用，减轻农药面源污染、净化乡村环境。

（四）推进统防统治

以扩大服务范围、提高服务质量为重点，大力推进病虫害专业化统防统治。一是提升装备水平。发挥农作物重大病虫害统防统治补助、农机购置补贴及植保工程建设投资的引导作用，装备现代植保机械，扶持发展一批装备精良、服务高效、规模适度的病虫防治专业化服务组织。二是提升技术水平。推进专业化统防统治与绿色防控融合，集成示范综合配套的技术服务模式，逐步实现农作物病虫害全程绿色防控的规模化实施、规范化作业。三是提升服务水平。加强对防治组织的指导服务，及时提供病虫测报信息与防治技术。引导防治组织加强内部管理，规范服务行为。

五、开展农业白色污染综合防治

农田覆膜播种，引领了现代农业的“白色革命”，却因长期没有合理有效治理，如今变成了恶化农业生产、影响农田再生利用、制约农业可持续发展的“白色污染”。因此，开展农业白色污染综合防治，对促进农业可持续发展，实现乡村生态振兴十分必要。

（一）加强现有地膜回收工作

加快出台新的地膜标准，依法强制生产、销售和使用符合标准的加厚地膜，以县为单位开展地膜使用全回收、消除土壤残留等试验试点。建立农药包装废弃物等回收和集中处理体系，落实使用者妥善收集、生产者和经营者回收处理的责任。县级以上人民政府农业农村主管部门负责本行政区域内的农田地膜使用和废旧农田地膜回收利用及污染防治监督管理工作。按照统筹规划、总量控制、绿色环保的要求，合理布局本行政区域内废旧农田地膜回收网点。乡镇人民政府应当指导、督促村民委员会，组织农田地膜使用者、农业生产经营组织回收和交售废旧农田地膜，提高废旧农田地膜回收率。

（二）加大地膜回收财税支持

生产、销售农田地膜的企业或者回收企业，开展农田地膜以及废旧农田地膜污染防治科学技术研究、开发、示范和推广使用的，同等条件下，县级以上人民政府应当优先给开展废旧农田地膜回收的企业安排农业技术推广项目、创业投资引导基金。县级以上人民政府对回收企业，应当给予用地、用电、用水、用气、信贷等方面优惠或者资金补贴；同等条件下，政府应当优先采购回收企业生产的产品。县级以上人民政府鼓励销售企业采取以销定收、包片回收、以旧换新等方式促进废旧农田地膜回收再利用，并采取以奖代补、贷款担保、贷款贴息等方式予以扶持。

（三）加强地膜回收工作监管

县级以上人民政府农业、质量技术监督、商务、工商行政管理等部门应当按照各自职责，采取定期检查、联合检查等方式，加强对农田地膜生产、销售、使用和废旧农田地膜回收利用等情况的监督检查。农田地膜生产、销售企业和农业生产经营组织、农田地膜使用者，负有回收废旧农田地膜的责任。回收企业应当与县级以上农业主管部门签订废旧农田地膜回收、资源化利用责任书，并应当定期向社会公布废旧农田地膜最低回收标准、价格、回收量及以旧换新方案。农业生产经营组织、农田地膜使用者分别按经营地使用农田地膜数量回收全部废旧农田地膜，并交到回收企业设立的回收网点；回收企业应当将回收网点的废旧农田地膜全部资源化利用。

知识链接

农业白色污染

农业白色污染主要指地膜污染。地膜的主要成分是聚乙烯，在农田里完全自然分解要上百年，对环境有一定影响，会带来土壤板结、出苗率低等危害。农膜是继种子、农药、化肥之后的第四大农业生产资料。由于长期重使用、轻回收，当前我国当季农膜回收率不足三分之二，局部地区地膜残留污染严重。

（四）推广使用生物降解农膜

县级以上人民政府农业农村主管部门及其农业技术推广服务机构、农业技术人员应当定期开展农田地膜污染防治宣传工作，通过培训引导农田地膜使用者和农业生产经营组织，采用有利于回收的覆膜方式以及生物降解农膜等新技术，科学降低农田地膜覆盖度，减少农田地膜使用量，提高农田地膜回收率，降低农业生态环境污染。应该加大政府补贴及相关政策支持，对购买生物降解农膜的农户给予一定的成本补贴，提升农户的积极性。各级政府应该加大建立生物降解农膜的试点示范区域。选择不同的地区与作物类型，扩大试点范围，建立专项试点项目，提升农户对生态环保的认知程度。

延伸阅读

1. 高尚宾、王全辉、茹江、管大海：《中国农业污染研究》，中国农业出版社 2018 年版。

2. 温娟、孙静、宋文华、张维：《农业面源污染治理技术与政策研究——以天津市规模化畜禽养殖为例》，天津大学出版社 2018 年版。

3. 环境保护部科技标准司、中国环境科学学会：《农业污染防治知识问答》，中国环境出版社 2018 年版。

深度思考

1. 目前，我国农村地区生产技术落后，农民科学文化素质不高，缺少科学种田的指导，不按操作规程使用农药和肥料，且施肥、施药配套技术和器械不完备，造成农用化学品大量浪费并直接污染环境，如何进行有效应对？

2. 农村环境保护资金严重不足，行政村普遍负债，国家公共财政支出中尚没有农村环境保护的专项基金，银行、企业和社会私人资金也很少参与农村环境保护，如何缓解农村环境保护资金缺乏的压力？

3. 生态环境部、农业农村部联合印发了《农业农村污染治理攻坚战行动计划》，就农业农村污染治理攻坚目标任务做出重点部署。时间紧、任务重，各地需加紧谋划、扎实推进各项工作，按期完成预期目标。那么，如何推进农业农村污染治理？

第四章

农村环境污染综合治理

改善农村人居环境，建设美丽宜居乡村，是实施乡村振兴战略的一项重要任务，事关全面建成小康社会，事关广大农民根本福祉，事关农村社会文明和谐。但目前我国农村人居环境状况很不平衡，脏乱差问题在一些地区还比较突出，与全面建成小康社会要求和农民群众期盼还有较大差距。因此，动员各方力量，整合各种资源，强化各项举措，加快农村环境污染综合治理，对实现乡村生态振兴，增强广大农民获得感幸福感，具有重要意义。

一、推进农村“厕所革命”

厕所问题关系到广大人民群众工作生活环境的改善，关系到国民素质提升、社会文明进步。习近平总书记对此高度重视、十分关心。党的十八大以来，他在国内考察调研过程中，走进农户家里，经常会问起村民使用的是水厕还是旱厕，在视察村容村貌时也会详细了解相关情况。他多次强调，随着农业现代化步伐加快，新农村建设也要不断推进，要来个“厕所革命”，让农村群众用上卫生的厕所。2017 年，习近平总书记就旅游系统推进“厕所革命”工作取得的成效作出重要指示：“厕所问题不是小事情，是城乡文明建设的重要方面，不但景区、城市要抓，农村也要抓，要把它作为乡村振兴战略的一项具体工作来推进，努力补齐这块影响群众生活品质的短板。”必须坚持不懈推进“厕所革命”，把“厕所革命”进行到底。中共中央办公厅、国务院办公厅印发的《农村人居环境整治三年行动方案》明确要求，开展厕所粪污治理，并提出“合理选择改厕模式，推进厕所革命”。《农村人居环境整治三年行动方案》还指出，到2020年，东部地区、中西部城市近郊区等有基础、有条件的地区，基本完成农村户用厕所无害化改造，厕所粪污基本得到处理或资源化利用；中西部有较好基础、基本具备条件的地区，卫生厕所普及率达到85%左右。

（一）加强农村厕所规划设计

推进农村“厕所革命”，首先应在规划上，加强对所辖行政区划内所属公厕的现状、布点进行全面摸底调查，在明确数量和布局的基础上，将厕所纳入乡村规划。对厕所选址进行公示，广泛听取群众意见，从群众如厕需求入手，全面统筹厕所建设，切实提高规划可操作性。在设计上，加大新材料、新技术和新设备的应用，注重考虑残障人士、老人、小孩等特殊群体如厕问题，充分体现设计的科学性、环保性，增强如厕的便利性。在户用厕所改建上，要迅速开展农村户用厕所情况摸底调查，对城市规划区以外所有规划保留村、中心村和三年内暂无改造撤并计划的村庄实施逐村逐户调查，摸清改造底数。乡镇、村要逐级建立农村改厕档案，设县、乡镇、村改厕工作统一电子台账，并存档备查。

（二）因地制宜选择改厕模式

按照群众接受、经济适用、维护方便、不污染公共水体的要求，合理确定农村户用无害化卫生厕所建设和改造模式。农村户厕建设在城镇污水管网覆盖到的村庄和农村生活污水集中收集处理系统建设地区，推广使用水冲式厕所；在污水管网覆盖不到的地区，推广三格化粪池式厕所；在重点饮用水源地保护区内的村庄，原则上采用水冲式厕所；在山区或缺水地区的村庄，推广使用双坑交替式厕所。鼓励加大水冲式卫生厕所建设比例，农村新建住房均要配套建设无害化卫生厕所。提倡改厕入户，确保冬季正常使用。

（三）坚持示范引领整村推进

农村“厕所革命”工作将建立“政府统一领导、公共财政扶持、动员群众参与和市场化服务”相结合的组织推进和运行体制，实行县（市、区）、乡镇、村三级联动，分级负责。积极探索户厕建设适宜技术和模式，建设一批农村户厕建设示范县、示范村，发挥示范引领作用。乡镇机关、卫生院、村委会、农村学校等单位要带头改厕，充分发挥示范乡镇、示范村、示范户的引领作用。以行政村为单位，整村组织实施，做到应改尽改，优先安排农村社区、城郊村、旅游村、饮用水源地保护区村和贫困村。各乡镇要做好先行试点工作，试点的选择重点为乡镇政府所在地、国省干道两侧、旅游景区附近的村庄。

（四）健全农村厕所管理机制

农村户厕要严格执行改厕流程、加强施工技术指导、提升工程质量管理、强化农村户厕的管理和维护。坚持“三分建设、七分管理”，切实落实公厕管理的主体责任，完善管理制度，落实管理人员，建立长效管理机制，做好日常管理、维护和保洁工作，力争做到“六无四净两通一明”，即无溢流、无积便、无烟蒂、无杂物、无蚊虫、无臭味，地面净、墙壁净、厕位净、周边净，水通、电通，灯明。科学选择农村厕所粪污收集处理方式，明确粪污收集处理具体办法。在用地、用电、用水等方面研究出台优惠政策，鼓励承包经营或授予商业经营权等方式，推进公厕建设与管理的市场化和社会化，多形式、多渠道解决公厕建设资金短缺和管理不善等突出问题。

（五）加强农村改厕宣传引导

农村改厕建设与管理是一项民心工程，也是一项庞大的社会工程、攻坚工程，基础薄弱，工作量大，涉及面广，需要厕所的建设者、管理者与使用者共同努力，在全社会大力倡导文明如厕，形成健康文明的厕所文化。要进一步加大宣传引导力度，通过各种丰富多彩的活动，增强人民群众参与“厕所革命”的积极性、创造性。

知识链接

“厕所革命”

“厕所革命”是指对发展中国家的厕所进行改造的一项举措，最早由联合国儿童基金会提出，厕所是衡量文明的重要标志，改善厕所卫生状况直接关系到这些国家人民的健康和环境状况。2013 年，第 67 届联大将每年的 11 月 19 日定为“世界厕所日”，旨在倡导人人享有清洁、舒适及卫生的如厕环境，提高全人类的健康水平。目前，我国兴起“厕所革命”破解乡村治理难题。

二、推进农村垃圾综合治理

随着中国农村经济快速发展和消费方式转变，农村的生活垃圾排放量日益增长，生活垃圾类别日益复杂。由于村民居住分散和环保意识薄弱，加上长期投入不足，农村地区生活垃圾处理的问题日益严峻。推进农村生活垃圾治理，是贯彻乡村生态振兴战略的重要基础，也是补齐农村基本公共服务短板，实现城乡统筹发展的重要举措。《农村人居环境整治三年行动方案》重点任务之一就是推进农村生活垃圾治理：统筹考虑生活垃圾和农业生产废弃物利用、处理，建立健全符合农村实际、方式多样的生活垃圾收运处置体系。有条件的地区要推行适合农村特点的垃圾就地分类和资源化利用方式。开展非正规垃圾堆放点排查整治，重点整治垃圾山、垃圾围村、垃圾围坝、工业污染“上山下乡”。

（一）明确农村垃圾综合治理中的责任权利边界

要细分垃圾治理的相关主体，包括垃圾产生与排放主体、垃圾处理服务主体和各级政府行政主管部门等。要赋予乡镇政府相对自主的地位，让乡镇政府有权从实际情况出发决定垃圾治理的事情，建立健全符合农村实际、方式多样的垃圾收运处置体系。要均衡相关利益主体的效率与公平，遏制长期以来农村垃圾治理层面的政府失灵、社会失灵和市场失灵，实现经济效益、社会效益和生态效益的有机统一。

（二）加大农村垃圾治理的财政保障

多样化的筹资渠道有助于突破“财政投入大、安全隐患多、政府包袱重”的治理局限，形成一种可持续的农村生活垃圾治理模式。整合各类相关专项资金，把农村垃圾处理作为环境综合治理专项资金重点投入领域之一。实行“以奖代补”，带动引导各级地方政府投入，逐步取缔露天垃圾池、垃圾房等非密闭式垃圾收集设施。有条件的地区，尝试城市生活垃圾保洁、清运和处理模式往农村覆盖的运作模式，鼓励城市相关企业接管农村垃圾处理。根据受益原则，按照一定标准向村民收取垃圾处理费用，改变政府大包大揽的局面。

（三）引导村民参与垃圾治理

农村生活垃圾处理是政府的重要职责，也与村民行为密切相关。农村生活垃圾处理，不是“政府干，农民一边儿看”，要激发村民的主人翁意识，让村民认识到农村生活垃圾治理的好处。采用群众喜闻乐见的方式引导各村居民摒弃不文明、不卫生的陋习，提高文明卫生意识，树立“垃圾是放错地方的资源”的意识，主动进行垃圾分类。探索并推广积分奖励、身份明示、星级评比、红黑榜单等垃圾源头分类模式，把垃圾分类行为从“要我分”引导到“我要分”。

（四）建立长效保洁机制

按照“户分类、村收集、镇中转、县处理”城乡一体化处理模式的总体要求，将城市生活垃圾无害化处理设施服务范围向农村延伸，建立以城带乡的生活垃圾收运体系，每个乡镇必须建成生活垃圾压缩式转运站或实现压缩运输，村庄要建设垃圾集中收集点，配齐垃圾桶和收集车辆，并加强管护。推行垃圾“干湿”分类，湿垃圾沤肥处理，干垃圾中可回收部分资源利用，有害或不可降解的垃圾妥善储存、定期外运处理，剩余灰渣、建筑垃圾等惰性垃圾就地填埋，实现农村垃圾就地减量、资源化处理。建立县（市、区）、乡镇、村三级保洁管理体制，县（市、区）设有农村垃圾管理部门，乡镇有环卫机构，配备专职管理人员，村庄建立保洁制度，按常住人口每 500 人左右配备 1 名保洁人员。建立网格化管理模式，将辖区划分成若干网格，明确各网格责任单位和目标任务，定期对网格保洁情况进行督查考评。

典型案例

农村垃圾分类处理的“桐庐模式”

浙江桐庐是中国美丽乡村示范县。以前农村没有垃圾箱，垃圾也是随地乱扔，无人负责垃圾清运处理，“污水靠蒸发，垃圾靠风刮，室内现代化，室外脏乱差，溪沟就是垃圾的家”。现在，桐庐农村彻底改变了脏乱的环境，农村垃圾得到了彻底治理。桐庐在农村垃圾分类处理上走出了一条“减轻污染、美化环境 、增加收入、节约资源、降低成本”的“桐庐模式”。桐庐县农村生活垃圾处理新模式的成功经验主要有以下几方面。

一是简化垃圾分类方式。农村垃圾分类，不能照搬城市复杂的分类方法，桐庐人民化繁为简，创造性地将垃圾分为两类，每户门前设置一黄一蓝两只桶，并详细罗列可堆肥垃圾和不可堆肥垃圾种类，宣传指导时用比较通俗易懂的语言告诉农户，会烂（可堆肥）的垃圾放蓝桶，不会烂（不可堆肥）的垃圾放黄桶，其中可堆肥垃圾作资源化处置制成有机肥，不可堆肥垃圾则按原模式统一送往乡镇中转站，再到县城作无害化焚烧处置。这样的分类方法，简单明了，不易混淆，老百姓能接受、分得好，可操作性强、有利于推广。

二是创新垃圾利用模式。桐庐县将可堆肥垃圾制成有机肥有两种资源化方法：①微生物发酵处置模式，将分类收集的有机废弃物，比如厨卫垃圾、废弃蔬果、枯枝落叶和畜禽粪便等投废弃物处理机，通过调控通风、搅拌等，完成第一次发酵；出料后堆肥二次发酵，最后成为有机肥料，每斤可售七八角钱。此工艺平均 3 天出一次料，出肥速度快。②太阳能普通堆肥处置模式，将分类后的有机废弃物由粉碎机进行粉碎，入仓后进行普通堆肥，利用太阳能促进堆肥快速反应，该法简单有效，成本较低廉。

三是实施村民激励机制。提升村民生活垃圾自觉分类意识是做好生活垃圾资源化与减量化的基础。桐庐县实行“分类得积分，积分换日用品或有机肥”方式促进农户分类积极性，并开展村级垃圾分类星级评比、“分类达人”评比、垃圾分类红黑榜等活动，创新激励机制，提高分类实效。同时，开展广泛的宣传发动 ，编制手册，印发宣传单，积极发动村干部、妇女 、党员、小学生等群体，通过“小手拉大手”“村干部、妇女、党员进农户” 、现场观摩考察、分类培训等活动，全面提高百姓分类积极性。

四是减少管理运行成本。桐庐的整体经济实力在浙江处于中下游水平，并无明显的经济优势，环卫工作很注重节约成本，按照不同主体，分层次对农户、管理人员、村干部 、乡镇干部实施培训，实施垃圾分类日常督查，运行补助资金与督查结果挂钩。探索引入企业管理方式，实施运行经费与有机肥统一使用承包制，通过长效管理机制创新与探索，增加经济收益，减少运行成本，努力达到收益足够维持长效管理及运行费用。

三、推进农村生活污水治理

随着农村生活水平的不断提高，农村生活污水的排放量也逐渐增加，农村的生态环境遭到了严重的破坏，对农民的身体健康造成了很大的威胁。2015 年，中共中央、国务院出台《关于加快推进生态文明建设的意见》提出“加快美丽乡村建设，加大农村污水处理力度”。同年，住建部提出“到 2020 年，使 30% 的村镇人口得到比较完善的公共排水服务，并使中国各重点保护区内的村镇污水污染问题得到全面有效的控制”。2018 年，中共中央办公厅、国务院办公厅印发的《农村人居环境整治三年行动方案》明确要求“梯次推进农村生活污水治理”。因此，加快推进农村生活污水治理，不但是贯彻落实乡村生态振兴战略的重要内容，还是提高农村人居环境、深化生态文明建设、提升农民群众生活品质的必要举措。

（一）统筹整体规划，确立规划先行机制

农村生活污水处理设施建设要整体规划，统一布局，广泛开展普查工作，制定农村生活污水治理规划，加强市县规划建设系统、各类专项项目规划与乡镇村的有机衔接，以规划带动项目，以项目争取资金，将农村生活污水治理工作落到实处。污水处理设施建设按照轻重缓急、分区分片分批逐步实施，不能一次性大干快上，以免摊子铺得太大而不能左右兼顾，导致工程不能收尾或烂尾，发挥不了应有的效果。要充分利用已建管渠进行改造利用，逐步实现雨污分流，纠正错接乱排的现象。

（二）坚持因地制宜、接管优先的处理模式

全面考虑各村地形地貌、村民居住分散程度、集体经济状况和处理

后的污水净化情况等，因地制宜，选择效果稳定、维护管理简便、费用低廉、工艺流程简单的多元化农村污水处理模式。对距离城镇污水管网较近、符合高程接入要求的村庄污水处理，优先考虑接管处理模式；对确实不具备接管条件的村庄，根据村庄人口规模、聚集程度、地形地貌、排水特点、排放要求和经济水平等特点，采用污水集中处理或分散处理模式。村庄布局相对密集、规模较大、经济条件较好及位于环境敏感区域内的村庄，要统一建设相对集中的处理设施；村庄布局分散、规模较小、地形条件复杂、污水不易集中收集的村庄，宜选择分散处理模式。在处理技术的选择上，可利用农村土地资源充裕的优势，选择高效藻类塘、生态系统塘和土地处理系统等，尤其是土地处理系统中的人工湿地技术。或采用集中简易处理后，作为农村灌溉用水等。此外，可以选择经济效益较高、环境敏感和污染严重区域，如“农家乐”旅游区和饮用水源地等先行实施，以点带面，统筹推进。

（三）采用经济适用、简便高效的处理设施

对照村庄生活污水排放标准，参照农村生活污水处理适用技术指南，比较不同污水处理技术的特点、优势、投资费用、水质处理结果以及后期运行费用等情况，采用经济有效、简便易行、工艺可靠、费用节约、高效率的污水处理技术。对人口规模较大、聚集程度较高、经济条件较好的村庄，可建设高效强化的有动力污水处理集成技术与设备；其他村庄可根据当地社会经济发展状况和水环境保护目标的要求，建设微动力或微动力的组合生态处理系统，力求处理效果稳定、运行维护简便，投入经济合理；充分利用地形地势、水塘及闲置地，实现污染物的生物降解和氮、磷的生态去除，降低能耗，节约成本。

（四）发挥多元筹资、社会参与的导向作用

采取“政府引导、镇村为主、县（市、区）配套”的资金筹措方式，探索多元化融资渠道，充分调动全社会对水环境治理投入的积极性，全力促进村庄生活污水治理工作长效发展。将农村生活污水治理经费纳入各级政府财政资金预算，以县（市、区）资金安排为主体，各级财政建立相应的财政转移支付制度。积极争取中央、省专项资金，市财政要进一步优化专项资金支出结构，并视财力状况加大扶持力度。各级政府要把农村生活污水治理列入公共财政支持的重点项目之一，用于环境保护的专项资金要向农村生活污水治理倾斜；建立健全农村生活污水治理设施运行维护资金筹措机制，加大管护经费投入，除日常管护支出外，各县（市、区）每年应安排一定资金作为长效管护基金，长期积累，用于污水治理设施的大修和定期更新，确保污水治理设施正常运行、长久运行。积极探索农村生活污水主要污染物治理有偿化制度，出台税收、信贷、征地等一系列支持政策，积极创新投融资渠道，鼓励企业和社会资金投入。引导和支持民营企业、社会团体等社会力量，通过投资、捐助、认建等形式，参与农村生活污水治理项目建设和运行维护。充分调动村集体和农户建设积极性，引导他们出资出劳开展农村生活污水治理。

（五）建管并重，落实长效管理机制

完善农村生活污水治理的相关法律规范，应适时启动农村生活污水治理立法调研，完善审批、准入、监督、验收和维护等一系列制度，建立责任追究、奖惩制度，明确责任。进一步规范农村生活污水治理体系，

涵盖治理设施设计、建设、验收、运行维护、资金投入、达标排放及固废处理等各个环节。在“以块为主、条块结合”的属地管理体系的基础上，进一步厘清县、乡镇、村层面的责任范围，明确县级人民政府是农村生活污水治理的责任主体，乡镇人民政府是业主单位以及村级层面的责任边界和内容。进一步理顺环保、农办、建委等相关职能部门职责，加强各部门在农村生活污水治理规划、建设、运行、监督等方面的合作。完善审批、准入、监督、验收和维护等一系列制度，建立健全农村生活污水项目负责人和绩效考评制度，将农村污水治理工作绩效纳入地方政府综合考评。在加强基层水利服务机构、乡镇生活污水治理专业管理和技术队伍建设的基础上，进一步完善村级组织兼（专）管员制度，着力提高村民的生活污水排放和污水治理设施养护能力，确保治污设施维持良好的运行状态。

（六）加强宣传引导，形成社会共识

地方政府应积极探索生活污水治理机制，制定相应村规来治理生活污水，并实施相关措施以减少污水处理费用，促使农村人民积极参与污水治理建设中去。要通过多层次、多渠道的舆论引导，使村民充分认识到生活污水治理的必要性和紧迫性，改变村民和村干部“你要我用”“我该无偿使用”“政府会管”等想法，树立主人翁意识，形成“我要治”观念。大力增强和提高农村人民的环保意识，鼓励其节约用水，规范其排放生活污水行为。强化村民参与制度，在生活污水治理设计、选址和投资过程中，确保村民的知情权、参与权、决策权和管理权。通过村级“一事一议”制度，鼓励村民积极投身生活污水处理设施建设与维护，调

动“未来使用者”的主体意识和积极性。充分利用专业人士、群众、新闻媒体、人大代表和政协委员、党代表等力量，加强全社会参与和监督力度，形成社会共识。

知识链接

我国农村污水处理的模式

目前我国农村污水处理的模式主要有两种：集中处理模式和分散处理模式。

1. 集中处理模式

在农户相对集中、地势有一定落差的地区，可以借助地势优势，将各户产生的生活污水经隔栅井收集汇流，然后经过地埋式厌氧净化沼气池进行处理。充分利用周围的废塘、洼地，采用生态塘处理系统和湿地处理系统，减少土地占用，节省投资。集中处理模式的处理方法主要是化粪池法、稳定塘法和人工湿地法。

2. 分散处理模式

污水的分散处理模式，是对源于单独的住户和独立的社区及污水产生点的污水，进行收集、处理、排放的处理模式。针对多数农村地区布局分散的现状，先进的污水处理技术难以应用、经济力量薄弱又缺乏专业人员，因此适合采取因地制宜、运行费用低、便于维护的分散式污水处理方式。分散处理的主要方法是生物膜法。

四、加强农村生活空气污染防治

农村生活空气污染治理也是乡村生态振兴的重点。目前，由于不当的能源消费结构和能源使用方式，导致农村生活空气污染问题比较突出。因此，加强农村生活空气污染防治，对提高农村空气环境治理、提高农村人居环境、实现乡村生态振兴，具有重要的意义。

（一）优化农村能源供给结构

鼓励农村采用清洁能源、可再生能源，大力发展太阳能、浅层地热能、生物质能等，因地制宜开发利用水能和风能，从源头控制农村生活空气污染。完善农村能源基础设施网络，加快新一轮农村电网升级改造，推动供气设施向农村延伸。加快推进生物质热电联产、生物质供热、规模化生物质天然气和规模化大型沼气等燃料清洁化工程。

（二）推进农村能源消费升级

大幅提高电能在农村能源消费中的比重，加快实施北方农村地区冬季清洁取暖，积极稳妥推进散煤替代。推广农村绿色节能建筑和农用节能技术、产品。大力发展“互联网 +”智慧能源，探索建设农村能源革命示范区。加强秸秆收、贮、运和加工体系建设，创建一批新型设备压块、成型机械托管、秸秆打捆直燃、秸秆沼气、秸秆气化项目，推广秸秆等废弃物能源化利用。大力推广秸秆压块、洁净型煤、优质低硫散煤通用炉具，鼓励有条件的农村、乡镇机关企事业单位改造传统燃煤锅炉和使用碳纤维电采暖、使用碳晶，电蓄热锅炉等新型锅炉进行集中供暖，不断提高农村高效清洁的碳纤维采暖，燃烧炉具使用比例。

（三）推进农村生活节能

鼓励采用省柴节能炉灶，逐步淘汰传统炉灶，推广使用改良柴灶、改良炕连灶等高效低污染炉灶，并应加设排烟道。推进农村生活节能。更新改造传统的省柴节煤炉灶和节能炕，加快省柴煤灶（炕）的升级换代。推广应用保温、省地、隔热新型建筑材料，发展节能型住房，在北方地区引导农民建造太阳房和使用太阳能热水器。

五、加强农村饮用水水源保护

农村饮水安全直接关系到广大农民群众的生产生活。随着我国农村水环境污染问题日益突出，农村饮用水源破坏比较严重，成为影响农村饮水安全的重要因素，饮水安全问题已经日益引起人们的重视。我国“十三五”时期农村饮水工作强调要把水源保护放到突出位置。因此，为了更好实现乡村生态振兴，加强饮用水水源地的保护就显得尤为重要。

加强农村饮用水水源保护

（一）科学选用水源

农村饮用水水源是确保水质的根本性前提，有的水源即便是在没有任何污染的情况下也不适合饮用，所以在水源选择过程中，应以经济性、技术性为考虑原则，紧密结合所在区域的实际情况，组织有关部门开展农村饮用水水源环境状况调查评估和保护区的划定。农村饮用水水源保护区的边界要设立地理界标、警示标志或宣传牌。结合城乡供水一体化思路，通过分区分片，将小型和分散式水厂进行整合兼并，建设集中式供水工程，特别是突出日供水 1000 吨或受益人口 10000 人以上的规模化集中供水工程，从而改变点多面广的局面，降低水源保护的工作难度，提高水源保护工作效率。

（二）切实加强水源保护

水源确定后，应尽可能地加强对其的保护，才能从根本上确保水质安全，因而必须对农村的饮用水水源做好保护。以供水人口在 10000 人或日供水 1000 吨以上的饮用水水源保护区为重点，对可能影响农村饮用水水源环境安全的化工、造纸、冶炼、制药等风险源和生活污水垃圾、畜禽养殖等风险源进行排查。对水质不达标的水源，采取水源更换、集中供水、污染治理等措施，确保农村饮水安全。加强生产生活废水和污水的排放管理，严防因此导致水源被污染的情况出现。在地表水水源区域内加大封山育林工作的力度，致力于生态防控技术的应用，为农村水源地设置一道生态屏障。

（三）加强农村饮用水水质监测

通过检测和监测水源水质能对水源水质的变化有一个基本的认识，有利于科学地评价和合理地开发利用水源以及对其的污染防治。充分考虑到农村监测力量和监测手段薄弱的实际状况，应合理安排监测重点，常规监测和应急监测相结合。县级及以上地方人民政府组织相关部门监测和评估本行政区域内饮用水水源、供水单位供水、用户水龙头出水的水质等饮用水安全状况。实施从源头到水龙头的全过程控制，落实水源保护、工程建设、水质监测检测“三同时”制度。供水人口在 10000 人或日供水 1000 吨以上的饮用水水源每季度监测一次。各地按照国家相关标准，结合本地水质本底状况确定监测项目并组织实施。县级及以上地方人民政府有关部门，应当向社会公开饮用水安全状况信息。

（四）加强饮用水工程建设的投入

地方政府必须在饮用水安全方面加大投入力度，尤其是应加强饮用水工程的建设，紧密结合实际对工程的方案进行确定，尽可能地预防建设小而散的饮水工程，同时为了保证水源的水质符合饮用标准，必须在工程开工之前对水源的水质进行检测，并尽可能地采取全封闭的水源构筑物，从而预防其被直接污染。饮用水工程必须在做好水质检验的基础上，切实加强消毒净化工作的开展，配备专业的消毒净化设备，对于以往饮水工程中缺乏净化消毒设施的现状，应在日常工作中加强排查力度，切实做好查漏补缺工作，并在规定的时间内将其配备完善，从而更好地确保整个农村饮用水工程的建设符合农村饮水安全的需要。

（五）强化基层水资源管理能力建设

强化县级水利部门对水资源保护的监管执法工作。以落实最严格水资源管理制度为抓手，切实加强机构、人员、设备等方面能力建设，保证执法频次和成效，推动水资源保护执法工作制度化、常态化。特别是要切实加大对随意倾倒污染物和排放污水、随意占用河道水域岸线、随意采沙、生态资源滥用等方面的执法、处罚力度，树立执法主体权威，做到有法必依、执法必严、违法必究。强化乡镇水管部门保护责任，依托于乡镇水利站，根据实际需要设置专门的乡镇级水资源技术服务组织，从监测、巡查、工程治理、应急管理等方面加快健全乡镇水资源管理和保护工作体系，切实提高基层水资源管理队伍能力。

（六）探索农民参与水源长效管护模式

农村饮用水水源保护与广大农民生产生活息息相关。要进一步发挥好村委会、农民用水合作组织、农村其他相关自治组织的作用，调动农民积极性参与农村水源保护。地方政府在开展农村水源保护工作中，要主动接受群众监督，实施计划要向群众征求意见，筹资筹劳由群众决定，资金使用和用工情况请群众审定，工程竣工验收请群众参与。要在考察当地村规民约基础上制定农村社区饮用水源管理制度，使保护制度更结合实际、更具体、更可行。要因地制宜探索农村水源长效管护模式。比如，可由市、县补助，乡镇或村集体适当出资，组建专门队伍负责一些专业化要求较高的养护任务，如污水处理、垃圾清运、河道保洁等。在此基础上，灵活通过划分党员责任区、村民门前三包等方式发挥好农民监督和参与作用。[①]

延伸阅读

1. 赵军:《农村环境污染治理技术及应用》,中国环境出版社2012年版。

2. 孟志兴:《农村环境污染防治与管理》,中国社会出版社2010年版。

3. 环境保护部自然生态保护司：《农村生活污染的危害与防治》，湖南教育出版社2009年版。

深度思考

1. 我国农村环境污染治理中的关键因素是农村的环境保护力度不够，农民的环保意识不足。如何提高农民的环保意识和参与的环境保护力度？

2. 推广清洁能源使用是解决农村空气污染的有效途径，但清洁能源费用较高，面对收入较低的农民，如何应对？

3. 我国的环境管理体系是建立在城市和重要点源污染防治上的，对农村污染重视不够。加之农村环境治理体系的建设滞后于农村现代化进程，导致其在解决农村环境问题上不仅力量薄弱而且适用性不强，如何进行解决？

① 王亦宁、钟玉秀：《我国农村饮用水水源保护对策》，《中国水利》2017年第9期。

第五章

建设乡村生态聚落体系

农村生态聚落体系是指传承乡土特质、乡土文化、生态理念的农村发展新载体。建设农村生态聚落体系，是通过整合集镇和村庄的生态、环境、资源、经济、社会等优势，激发农村生态聚落体系发展的内生动能，在不同类型村庄有机整合的基础上实现村庄生态化集群式组团发展。建设农村生态聚落体系，既要改变工业文明逻辑下不合理的生产、生活、消费方式，树立尊重自然、顺应自然、保护自然的生态文明发展理念，又要以人与自然和谐共生的站位，为老百姓留住鸟语花香田园风光，持续推进乡村生态振兴。

一、构建乡村聚落体系

乡村聚落是指市区和城镇以外的居民聚居点，包括集镇和村庄。村庄与村庄、村庄与集镇、集镇与集镇之间存在着广泛的联系，这些相互联系的村庄与集镇形成的有机整体便构成乡村聚落体系。围绕乡村生态振兴要求，顺应村庄发展规律和演变趋势，根据不同村庄的发展现状、区位条件、资源禀赋等，按照集聚提升、特色保护、搬迁撤并的思路，分类推进乡村生态振兴，构建分工合理、功能明晰、生态宜居的乡村聚落体系，建设美丽宜居村庄。

（一）强化中心村庄建设

现有规模较大的中心村和其他仍将存续的一般村庄，占乡村类型的大多数，是乡村振兴的重点。对资源禀赋丰裕、生态环境友好、产业支撑较强、地理位置优越、集体经济实力雄厚的村庄，鼓励发挥自身比较优势，强化主导产业支撑，支持农业、工贸、休闲服务等专业化村庄发展。科学确定村庄发展方向，在原有规模基础上有序推进改造提升，进一步增强产业优势、环境优势、竞争优势，高标准打造示范样板，即基础设施配置齐全，公共服务功能完善，村容村貌整洁有序，房屋建筑特色鲜明，农村环境优美宜居，民主管理制度健全，乡风习俗文明健康，特色产业优势明显，一二三产业融合发展，农村集体经济实力、人口和产业吸纳带动能力不断增强，农民生活幸福安康。

（二）提升特色村庄发展

特色村庄主要指具备特色资源、产业基础较好，尤其是文化底蕴深厚、历史悠久、风貌独特的村庄，一般包括历史文化名村、传统村落、少数民族特色村寨、特色景观旅游名村等自然历史文化特色资源丰富的村庄，它们是彰显和传承中华优秀传统文化的重要载体。要发挥特色资源价值，加快打造文化特色型、生态特色型和产业特色型等村庄，推进文旅融合、农旅融合发展。统筹保护、利用与发展的关系，努力保持村庄的完整性、真实性和延续性。切实保护村庄的传统选址、格局、风貌以及自然和田园景观等整体空间形态与环境，全面保护文物古迹、历史建筑、传统民居等特色建筑。尊重原住居民生活形态和传统习惯，加快改善村庄基础设施和公共环境，合理利用村庄特色资源，探索设立村庄建设保护红线，推动特色资源保护与村庄发展良性互促。

（三）有序推进撤村并点

撤村并点是将规模小、布局散、设施差及位置不合理的村庄进行重组和整合，以便提高村庄的居住质量、保护乡村生态环境、促进城镇化进程。中共中央、国务院印发的《乡村振兴战略规划（2018—2022年）》明确提出了“搬迁撤并类村庄”，并作出了具体要求：“对位于生存条件恶劣、生态环境脆弱、自然灾害频发等地区的村庄，因重大项目建设需要搬迁的村庄，以及人口流失特别严重的村庄，可通过易地扶贫搬迁、生态宜居搬迁、农村集聚发展搬迁等方式，实施村庄搬迁撤并，统筹解决村民生计、生态保护等问题。拟搬迁撤并的村庄，严格限制新建、扩建活动，统筹考虑拟迁入或新建村庄的基础设施和公共服务设施建设。坚持村庄搬迁撤并与新型城镇化、农业现代化相结合，依托适宜区域进行安置，避免新建孤立的村落式移民社区。搬迁撤并后的村庄原址，因地制宜复垦或还绿，增加乡村生产生态空间。农村居民点迁建和村庄撤并，必须尊重农民意愿并经村民会议同意，不得强制农民搬迁和集中上楼。”

知识链接

乡村聚落体系的构建策略

根据世界各国各地区的经验，在整个区域的社会经济演化大背景中，乡村聚落体系的组织常常针对不同的情况，具体采用如下一些战略。

1. 职能地域一体化战略

这一般适用在远离大城市影响的大农业地区。这些地区乡村地域发展的主要动力来自农业而不是工业，因此采取的战略主要是促进农业的商品化，而一个基本条件是需要一个相互紧密衔接的综合聚落系统，为乡村居民提供各种形式、各个层次的易于接近的服务，而各种服务职能都按照不同等级规模的聚落中心做相应的配置。这种乡村聚落体系结构与层次完整，在聚落的空间分布上，几何区位性发挥着较强的作用。

2. 选择性空间封闭战略

这一般适用在受大城市强烈影响的都市郊区地域。这些乡村地域无论在经济社会形态还是在空间利用模式上，都具有典型的城乡二元特征。但是由于大城市集聚与扩散的非均衡作用，这些临近的乡村地域往往在发展上处于要素大量流出的被抑制状态。因此乡村地域要挖掘自身优势，以最有利于自身利益的方式与区域外部发生联系，以减少不利的效应。一些地域要采用空间封闭战略以保持城市无法替代的生态或文化价值，而聚落体系的组织也必须充分考虑大城市的影响及城市不同功能空间的延伸。

3. 乡村城市发展战略

这一般适用于地区经济比较发达、城乡差别较小而城乡聚落密集的地区，如我国的苏南地区。在乡村城市化的发展战略中，小城镇与广大乡村连接成一个相互依存和相互促进的有机整体，使城乡之间的对立关系转变为互补关系。乡村聚落体系强调与城市体系接轨，甚至要提供一定的城市型居民点服务职能，因此必须避免遍地开花的分散建设，提升乡村聚落的规模与质量，并减轻对短缺资源、脆弱生态的压力。20 世纪 80 年代，美国曾经在得州进行过乡村城市聚落规划的试点，取得了积极的效果。

（张京祥、张小林、张伟：《试论乡村聚落体系的规划组织》，《人文地理》2002 年第 1 期）

二、打造乡村聚落景观

乡村聚落景观是指以农业经济活动为主要形式的人类居住和进行生产劳动的场所，由农田、建筑、绿化、交通、水文等构成，是自然环境和乡村居民活动的综合载体，是乡村地区社会与文化生态环境的客观表现，也是乡村经济发展与文化生态环境演变的见证。乡村聚落景观格局因与自然完美融合，其整合了丰厚的乡土资源，具有独有的人文艺术价值、美学价值和旅游价值。因此，加强乡村聚落景观营造，不仅有利于促进乡村旅游产业发展、提高农村居民收入水平，而且对保护乡村生态环境、实现乡村生态振兴具有重要意义。

（一）统筹乡村聚落景观整体格局

乡村聚落是在顺应自然的前提下，经过人类社会的发展演化以及人与自然生境的相互作用而形成的，乡村聚落的“自然生境—聚落形态—民居场所”景观整体格局已经成为自然生态系统中不可分割的一部分。因此，应紧密围绕乡村生态振兴整体要求，统筹乡村聚落景观整体格局营造。根据各乡村自身发展优势，依托自然生态，优化调整和强化“自然生境—聚落形态—民居场所”的乡村聚落景观整体格局。建设和完善乡村聚落的基础设施，科学规划乡村聚落的各项设施、提升乡村聚落的空间利用效率。重视保护乡村农业，力求维护乡村农业景观的丰富性与多样性，从而促进农业景观与自然景观和谐发展。保护和整合乡村聚落景观原有的形态、机理、文脉，保持乡村聚落景观的完整性和真实性，创造一个具备生态良好、历史延续、文化特色和认同感鲜明的乡村聚落景观格局。

（二）打造乡村聚落景观田园风貌

田园山水是由田园景观、自然山水等要素组合的自然有机体，是乡村聚落景观的基础，体现了乡村聚落景观的基本特质。在打造乡村聚落景观时，应着力打造乡村聚落景观田园风貌。充分尊重乡村地域条件，以诗化田园为灵魂，将农田、水渠、池塘、山体、林地等自然要素有机组合，保持生态的多样性，完善传统乡村聚落自然景观体系。利用“反规划”原理，优先规划和设计乡村生态基础设施，将乡村聚落中的非建设用地，进行生态性恢复工作。维护和强化乡村聚落中山水格局的连续性，保护和建立当地多样化的乡土生态系统，维护和恢复河流水系的自然形态，保护和恢复湿地系统，保护遗产景观网络。

（三）凸显乡村聚落特色文化景观

乡村聚落的文化景观是指凝结于聚落建筑、经济空间和社会空间的有形和无形文化形式，包括文学、艺术、语言、服饰、民俗、民情、思想、价值观等，是一种生态文化。作为一种特定的形态和文化，聚落生态文化有很高的景观价值，一般具有独特的建筑形式、空间布局形式及相应的自然地理地貌及人文背景。乡村聚落景观的建设须优先考虑乡土资源，体现地域文化特征，营建亲和友善的人文环境，实现人与自然的良性互动。充分结合各地文化特点，有针对性地实行拆旧新建，对旧区内具有重要文化价值的历史建筑给予保护和修缮，保证历史建筑的结构和格局在新农村建设过程中不受影响。提炼乡村聚落文化与历史元素，保留与完善原有乡村聚落的“内部肌理”，将特有的乡村元素与现代化的规划建设相互融合，营造传统与现代相融合的新型乡村聚落风貌，形成特有的乡村聚落历史文化景观，保证传统文化与地方特色得到传承和延续。

知识链接

乡村聚落景观的主要特征

1. 地域性

乡村聚落景观的地域性是指根据当地不同的地域特色结合生产生活经验对村庄进行美化。主要是针对地区独特的风貌以及特色进行打造，这种景观是经过人类不自觉的美化和总结而形成的，是当地环境与日常生活相互融合的结果，也是根据当地自然生态环境进行的改造，由此可见，乡村聚落景观有较大的地域性，不同的地域环境会体现出不同的景观。

2. 乡村性

乡村聚落景观的乡村性主要体现在尽可能地利用乡村原有的

多种植物资源和丰富的自然景观，尽可能多地保留乡村原有生态自然的风貌。在保留原有景观的基础上，也要对后来进行改造的项目风格上进行统一，突出乡村的野性，而不是像城市里的建设一样规整。

3. 乡土性

乡土景观元素来源于乡村生活，朴实无华。从平凡的乡土景观元素入手，去发现其朴实的美和透露出的真情，进而对当前的园林创作活动提供思路，具有很强的现实意义。乡土文化在乡村聚落环境中主要体现为利用乡土元素形象，创造具有地方性的景观、营造丰富的植物效果以及将休闲设施、小品、铺装等统一风格。

4. 生态性

乡村聚落景观的生态性主要是针对乡村原有的山、水等地貌形式，在不破坏原有地貌的情况下合理地进行开发利用，更是要在没有进行开发利用的区域进行生态养护，可通过种植景观树种、果树等营造特色风格，滨水区域可以进行建造生态驳岸，在美化环境的同时可以丰富景观效果，打造特色。

5. 文化性

乡村聚落景观所具有的文化意义主要是指一个地域的景观是对这个地区自然环境与社会历史的记载，记录着这个民族的发展、记录着当地人民的智慧、讲述着当地的故事，是当地社会体验与民族文化的重要载体。

6. 传承性

美丽乡村建设过程中根据场地特有条件所改造或重建的景观有可能成为该乡村文化甚至景观的一种传承。这种传承自古而来，也将会影响以后的建设。

7. 协调性

乡村聚落环境景观要保持协调性，其构成要素要与周边地域环境相协调、与乡村朴实的风格相协调以及与各构成要素之间相互协调。

（荐晓峰、闵祥凤等：《旅游开发型美丽乡村聚落景观的营造研究》,《湖南农业科学》2016 年第 9 期）

三、优化乡村“三生”空间

乡村“三生”空间是指乡村生产空间、生活空间和生态空间，“三生”空间是农村生产、生活和生态的主要载体。要按照生产空间集约高效、生活空间宜居适度、生态空间山清水秀的总体要求，统筹乡村空间资源配置，合理布局生产空间、生活空间、生态空间，实现乡村更高质量的产业发展，更加均等的生活服务，更为健康的生态环境。

（一）高效利用乡村生产空间

乡村生产空间是以提供农产品为主体功能的国土空间，兼具生态功能。应适应农业现代化发展趋势以及一二三产业融合发展的需要，加快优化乡村产业空间布局，完善配套服务设施建设，优化生产经营流通体系，提升生产空间集约利用效率。加快落实农业功能区制度，科学合理划定粮食生产功能区、重要农产品生产保护区和特色农产品优势区，合理划定养殖业适养、限养、禁养区域，严格保护农业生产空间。以县城、重点镇和产业园区为主要载体，加快涉农工业产业集聚发展，发挥规模经济效益。优化涉农三产服务业布局，以农产品优势产区为主体，加强农产品集散中心、物流配送中心和展销中心建设，为农业发展提供强大支撑。推进土地适度规模经营，加快扶持家庭农村合作社、农业龙头企业等新型农业经营主体，发展农业生产性服务业，鼓励开展市场化和专业化服务。适应农村现代产业发展需要，科学划分乡村经济发展片区，统筹推进农业产业园、科技园、创业园等各类园区建设，推进农业规模化、标准化生产。

（二）优化布局乡村生活空间

乡村生活空间是以农村居民点为主体、为农民提供生产生活服务的国土空间。坚持节约集约用地，遵循乡村传统肌理和格局，划定空间管控边界，明确用地规模和管控要求，确定基础设施用地位置、规模和建设标准，合理配置公共服务设施，引导生活空间尺度适宜、布局协调、功能齐全。积极推进乡村生活圈的建设，以不同生活圈的服务半径、服务规模为依据，统筹配置教育、医疗、商业等公共服务设施，促进城乡基本公共服务均等化。强化空间发展的人性化、多样化，规划建设农村社区党群服务中心、文体活动广场、村级办公场所、公园、停车场等村落公共生活空间，配套完善乡村菜市场、快餐店、配送站等大众化服务网点，推进建设乡村电子商务服务体系，充分满足农民休闲、娱乐、消费等多方面需求。适应老龄化发展态势，加快幸福院、老年活动室、养老院等老年设施建设，提升人性化发展水平。

（三）严格保护乡村生态空间

乡村生态空间是具有自然属性、以提供生态产品或生态服务为主体功能的国土空间。划定并严守生态保护红线，强化对乡村生态安全具有重要影响的山脉、森林、河流、湖泊、湿地等重要生态空间保护，打造乡村与生态共融，人与自然和谐发展的良好格局。树立山水林田湖草是一个生命共同体的理念，加强对自然生态空间的整体保护，修复和改善乡村生态环境，提升生态功能和服务价值。全面实施产业准入负面清单制度，推动各地因地制宜制定禁止和限制发展产业目录，明确产业发展方向和开发强度，强化准入管理和底线约束。实施生态修复工程，加强饮用水水源地保护，强化矿区生态治理，推进平原农田林网以及河流防护林体系建设，维护乡村生态安全。加强乡村环境治理，实施水污染、土壤污染防治行动，严禁城镇污染向乡村转移扩散，打造山青、水碧、天蓝、地绿的宜居生态环境。

知识链接

乡村“三生”空间

乡村“三生”空间是指乡村生产空间、生活空间和生态空间。生态、生产和生活三种功能空间，涵盖了生物物理过程、直接和间接生产以及精神、文化、休闲、美学的需求满足等，是自然系统和社会经济系统协同耦合的产物。其中，生产空间与产业结构有关，是以提供工业品、农产品和服务产品为主导功能的区域，含工矿建设区域和农业生产区域；生活空间与承载和保障人居有关，是以提供人类居住、消费、休闲和娱乐等为主导功能的区域，含城市、建制镇和农村居民点空间；生态空间与自然本底有关，是以提供生态产品和生态服务为主导功能的区域，在调节、维持和保障区域生态安全中发挥重要作用。在"三生"空间中，生态空间是"三生"空间的基础，支撑生产和生活空间实现自身功能，是协调人地关系乃至实现区域可持续发展的关键。一般来说，生产、生活和生态空间的目标导向和发展效应各异，总体上追求合适比例和空间优化，具有共生融合效应。生产空间的服务对象主要是物，追求用地集约和产出高效，具有产业集聚效应；生活空间的服务对象主要是人，追求服务方便和宜居程度，具有邻里文化效应；生态空间的服务对象人、物兼备，追求山清水秀和尊重自然，具有规模尺度效应。

（黄金川、林浩曦、漆潇潇:《面向国土空间优化的"三生"空间研究进展》,《地理科学进展》2017 年第 3 期）

四、促进城乡绿色融合

城乡空间包含了城镇、农业和生态"全空间"，涉及环境、社会、经济等方面的"全要素"，涵盖乡村发展过去、现在、未来"全过程"。

按照有利生产、方便生活、适度集中的要求，引导和调控城乡融合发展，合理确定农村新型社区和乡村建设模式、数量、布局和建设用地规模，形成分工明确、梯度有序、开放互通的城乡空间结构体系。

促进城乡绿色融合

（一）树立正确发展理念

城乡应当以“巨生命体”的持续、健康、协同为标准，实现城镇、农业、生态全空间的协同发展，环境、社会、经济全要素的均衡发展，过去、现在、未来全时段的公平发展，建设“共生、共荣、共享、共利、共治”的理想社会。“共生”，即构建山水林田湖草“生命共同体”；“共荣”，即实现历史文化的传承和繁荣；“共享”，即人人共享公共资源和福利保障；“共利”，即实现经济发展和全民富裕；“共治”，即实现政府、市场、社会的多元共治。城乡发展要实现从“以经济为中心”到“以人民为中心”的转变；从“经济、社会、环境”的互动、协调发展到以自然生态和人文历史资源保护作为一切发展的前提和基础的转变；从经济发展必须依赖资源环境的消耗到经济发展与资源环境消耗脱钩的转变和从粗放式、增量扩张式的褐色增长方式到集约式、存量盘活式的精明增长方式的转变。

（二）建立绿色发展引领规划体系

以“复合生态观”为基础，持续、健康、协同为导向，对标国际绿色发展愿景和标准，建立涉及环境、社会、经济、治理等方面的规划建设指标体系，兼顾重点与全局、特色与共性、约束与引导、实施与愿景，建设绿色生态村庄。统筹自然资源开发利用、保护和修复，按照不同主体功能定位和陆海统筹原则，开展资源环境承载能力和国土空间开发适宜性评价，科学划定生态、农业、城镇等空间和生态保护红线、永久基本农田、城镇开发边界及海洋生物资源保护线、围填海控制线等主要控制线，推动主体功能区战略格局在市县层面精准落地，健全不同主体功能区差异化协同发展长效机制，实现山水林田湖草整体保护、系统修复、综合治理。

（三）推进城乡融合发展

摒弃过去“城镇吞噬乡村、乡村供养城镇”的单向物质流动模式，按照系统协同原则，发挥各自的资源禀赋优势，实现人流、物流、资金流、信息流的双向流动，再现中国传统文化中“诗意栖居”的人居境界。通盘考虑城镇和乡村发展，统筹谋划产业发展、基础设施、公共服务、资源能源、生态环境保护等主要布局，形成田园乡村与现代城镇各具特色、交相辉映的城乡发展形态。强化县域空间规划和各类专项规划引导约束作用，科学安排县域乡村布局、资源利用、设施配置和村庄整治，推动村庄规划管理全覆盖。综合考虑村庄演变规律、集聚特点和现状分布，结合农民生产生活半径，合理确定县域村庄布局和规模，避免随意撤并村庄搞大社区、违背农民意愿大拆大建。加强乡村风貌整体管控，注重农房单体个性设计，建设立足乡土社会、富有地域特色、承载田园乡愁、体现现代文明的升级版乡村，避免千村一面，防止乡村景观城市化。

（四）优化城乡生态格局

优化从乡村到城市的自然生态格局。推进自然生态保护、修复和建设，建构从区域到城市的结构完整、通道连续、生物多样、功能丰富的自然生态格局，实现“生态空间山清水秀”。按照“中心城市组团式发展、中小城市紧凑发展、小城镇聚集发展”的原则，建立多极、轴线与组团式发展的城乡布局结构。以城市群为主体构建大中小城市和小城镇协调发展的城镇格局，增强城镇地区对乡村的带动能力。因地制宜发展特色鲜明、产城融合、充满魅力的特色小镇和小城镇，加强以乡镇政府驻地为中心的农民生活圈建设，以镇带村、以村促镇，推动镇村联动发展。建设生态宜居的美丽乡村，发挥多重功能，提供优质产品，传承乡村文化，留住乡愁记忆，满足人民日益增长的美好生活需要。

（五）稳步推进城乡建设用地整治

以统筹城乡发展为导向，以乡村生态振兴为目标，以保障农民权益为根本，开展城乡建设用地增减挂钩试点，释放农村建设用地潜力，促进土地集约节约利用，优化城乡建设用地布局，为推动乡村振兴拓展用地空间。增减挂钩必须充分尊重农民意愿，维护农村集体经济组织和农民的主体地位，增减挂钩指标应优先用于项目所在地的农民生产生活、农村新型社区、农村基础设施和公益设施建设，并留足农村非农产业发展建设用地空间，支持农村新产业新业态发展和农民就近就地就业。节余指标调剂到城镇使用时，可优先用于商服、商品性住宅等经营性用地，以最大限度提高土地增值收益。按照国家统一部署，积极推进宅基地制度改革，提高闲散宅基地的使用效益，减少新增宅基地占用耕地。

（六）加强城乡基础设施生态化建设

一是建设绿色化的公共设施和公用设施。应对人口结构和居民需求的变化，改进公共服务设施配置内容和标准，建立等级清晰、分布均好的公益性公共服务设施体系，推进公共服务设施的开放共享。推进“微降解、微净化、微中水、微能源、微冲击、微交通、微更新、微绿地、微农场、微医疗、微调控”等绿色理念、技术、措施在传统市政基础设施规划建设中的应用。二是提倡绿色交通。采用高效率、高舒适、低能耗、低污染的交通方式，完成人流、物流的运输活动。配合以紧凑、混合的建设用地布局减少出行总需求。三是建设可持续水系统。按照“节流优先、治污为本、多渠道开源”的水资源开发利用策略，逐步降低人均水耗。协同水系统在灌溉、供水、防洪、生态、景观、文化、旅游、交通等方面的综合功能。四是提高全社会用能效率，遏制能源消费总量过快增长。优化能源结构，推进工业节能、建筑节能和交通节能。

延伸阅读

1. 赵思敏：《基于城乡统筹的农村聚落体系重构研究》，中国发展出版社 2018 年版。

2. 孙炜玮：《乡村景观营建的整体方法研究——以浙江为例》，东南大学出版社 2016 年版。

3. 刘邵权：《农村聚落生态研究——理论与实践》，中国环境科学出版社 2006 年版。

深度思考

1. 当前，随着经济的发展，一些传统乡村景观逐渐遭到破坏，如何在经济发展的同时，保护好传统村落景观？

2. 如何进行统一规划布局、统筹城乡绿色融合？

第六章 持续改善村容村貌

科学确定村庄发展方向，按照高起点进行规划、高标准进行建设、高水平进行管理，在原有规模基础上有序推进改造提升，以农村人居环境整治特别是垃圾、生活污水和村容村貌提升为重点，加强乡村基础设施建设，开展乡村环境净化、绿化、美化工程，使村容整洁、道路通达、环境卫生、适宜居住，加快建设宜居宜业的美丽村庄。

一、夯实农村基础设施建设

乡村基础设施建设是新时代中国社会“需要”与“发展”这一主要矛盾在农村的“晴雨表”，某种程度上讲，农村基础设施建设水平是实施乡村振兴战略是否取得成效的一个主要标志。因此，实施乡村振兴战略，必须抓重点、补短板、强弱项，统筹城乡基础设施建设，着力推动农村基础设施提档升级，加快改善农村生产生活条件，着力为经济社会持续发展创造硬件优势。

知识链接

加强贫困地区基础设施建设

因地制宜解决贫困地区通路、通水、通电、通网络等问题。构建贫困地区外通内联的交通运输通道。建设15.2万公里通建制村沥青（水泥）路。加强贫困地区水利建设，全面解决贫困人口饮水安全问题，大力扶持贫困地区农村水电开发。加大贫困地区农网改造力度。宽带网络覆盖90%以上的贫困村。加大以工代赈投入力度，支持贫困地区中小型公益性基础设施建设。继续实施整村推进，加快改善贫困村生产生活条件。

——《中华人民共和国国民经济和社会发展第十三个五年规划纲要》

（一）准确把握农村基础设施现状和问题

符合“三农”需要的基础设施建设，是乡村振兴战略的物质基础，对促进农业和农村现代化建设，发展农村经济具有重要的作用。1994年，世界银行发布的世界发展报告聚焦为发展提供基础设施，指出乡村地区的基础设施服务明显少于城市，城市人口在饮用水、取水和电力方面获得的基础设施服务要明显好于农村人口。

在我国，农村地区的基础设施建设也受到了高度重视，2008年，中央一号文件以加强农业基础建设促进农业发展农民增收为主题，对各类农村基础设施建设进行了全面战略部署。经过“十一五”“十二五”的大力建设，我国农村基础设施，特别是生活基础设施建设已经取得了很大成就，我国农村的基础设施建设水平有了很大的提高，农村人居环境明显改善，基本社会服务不断向乡村延伸，多数公共品和公共服务已经在乡村实现了广覆盖，但其数量和质量与城市相比仍存在较大差距，一些问题依然突出。

一是乡村道路建设质量较差。贫困地区通达、通畅任务仍然艰巨，尤其是处于山大沟深困难地区的乡村，道路建设的投资大、难度大。经济欠发达或刚脱贫地区已有部分“干道”，但“村村通”“入户通”的道路网化任务依然很重。更为重要的是，道路养护和管理的长效机制尚未建立。由于养护投入严重不足，一些地方已出现“油返砂”现象。

二是水电气网等设施建设仍显滞后。农村电力设备陈旧落后，变压器大多数已严重老化、能耗高、性能差，有些电线杆破损严重，一旦遇到刮风打雷下雨就发生断电，不仅影响正常持续供电，而且容易引发安全事故。农村集中式供水比例仍然很低，截至2016年年底，全国建制镇用水普及率达到83.9%，集中供水的乡8863个，占全部乡的81.4%，集中供水的行政村达到361572个，占全部行政村的68.7%，村庄用水人口51568.21万人，供水普及率为65.2%。乡村天然气普及率较低，2016年，全国建制镇燃气普及率达到49.5%，村庄燃气普及率仅为22.5%，用气人口为17800.78万。农村互联网普及情况远低于城镇。国家互联网信息中心的统计显示，截至2016年6月，我国农村互联网普及率保持稳定，达到31.7%，但城镇地区互联网普及率超过农村地区35.6个百分点，农村互联网相关基础设施普及情况仍然相对较差，城乡差距仍然较大。

三是贫困乡村基础设施建设难度大、成本高。近年来，随着脱贫攻坚的深入推进，项目资金、社会资源、帮扶力量等整合后不断向贫困乡村聚集，贫困村基础设施、公共服务显著改善，发展面貌日新月异。但由于扶贫项目资金只能用于贫困村、贫困人口，导致部分非贫困村基础设施改善缺乏项目支撑，文化广场、道路硬化、渠道衬砌、电商服务点、金融服务网点等到村措施却无法落实，一些群众关切的热点、难点问题迟迟得不到解决，基础设施改善缓慢与贫困村的明显变化形成鲜明对比。从客观条件来看，基础设施短板突出的村，大多自然条件恶劣，生活环境艰苦，且村与村之间跨度大，人口居住零散。对这些人口居住分散的居民点而言，水、电、路等基础设施配套难度大，教育、医疗、文化活动中心等公共服务设施成本高，硬化路、通自来水等项目实施效益与群众实际需求之间的矛盾突出，而县级财力有限，筹措资金的渠道不多，对上级政府项目投资的依赖性较大。

四是基础设施后期管理维护难度大。一些项目实施单位对项目后期管理维护工作重视不够，在资金筹措、人员配备、机制创新方面投入不足、办法不多、措施不力，不同程度存在“重建设，轻管理”现象。近年来建成投用的村组道路、文化广场、乡村舞台、幸福大院、老年人日间照料中心、休闲公园、健身活动器材等公共设施，管理维护责任不明确，制度不健全，管理不到位，严重影响了基础设施作用发挥，减少了基础设施使用年限，造成国家资源浪费。

五是农村环境整治仍然不到位。村内道路绿化不达标，部分路段绿化断档，沿线入村道路普遍没有实现环卫一体化，村容村貌较差、绿化不达标。

生态文明建设的难点和重点在乡村，有许多棘手难题亟待解决。随着生活水平的不断提高，农民希望乡村水、电、路、气、暖、电信等基础设施得到改善，对农村生活环境质量有更高的期待。因此，要坚持把农民群众生活宜居作为首要任务，重点改善农村路、水、电、气、房等基础设施条件。重点聚焦农村地区基础设施落后的短板，整合资金，创新举措，全面改善贫困村道路、电力、通信、饮水等情况，增强人民群众的获得感、幸福感。

（二）完善道路、照明设施，满足基本生活需要

建设规范的乡村道路网络。按照“四好农村路”的建设要求，加强县乡道改造、连通路建设，有序推进农村公路改造、延伸和联网工程建设，完善内通外联的路网结构，编织起乡村振兴的交通基础设施经纬线。新改建农村公路应满足等级公路技术标准，并能充分利用本地资源，因地制宜选择路面材料，比如，传统村落或特色旅游村落内步行道修建为鹅卵石路、石板路、行道砖或碎石路等。具备条件的乡镇和建制村要加快开展通硬化路、通班车、公路安全生命防护工程及危桥改造工程。乡村游的重点区域，要进一步优化以旅游专线为主导的公共交通导向模式，串联相邻景点，提高景区直达率，并逐步完善交通标志引导和交通信息引导。

打通农村公路建设“最后一公里”。加快推进通村组道路、入户道路建设，打通乡与乡、村与村之间的断头路，实现农村道路“户户通”，基本解决村内道路泥泞、村民出行不便等问题。充分发挥农村公路建设项目在脱贫攻坚中的基础性和先导性作用，采取融资多渠道的方式，全力改善贫困乡镇和贫困村组交通面貌，夯实贫困地区经济发展基础。

做好农村公路养护和安全防护工作。加强农村公路管养力度，实现有路必养、养必到位这一目标，对农村公路推行路长制管养工作。建立县、乡、村三级联动、部门参与的农村公路养护新机制，落实好管养人员和经费问题。在农村公路养护工作中，可考虑将建档立卡户贫困人口优先招聘为养护工，解决贫困人口外出“务工难”问题，为贫困人口提供脱贫摘帽条件。全面实施农村公路安全防护设施工程，对农村公路危

险路段，实施安全防护设施工程建设项目。按照保障畅通的要求，同步建设交通安全、排水和生命安全防护设施。

知识链接

“四好农村路”

“四好农村路”是习近平总书记于2014年3月4日提出的，强调“农村公路建设要因地制宜、以人为本，与优化村镇布局、农村经济发展和广大农民安全便捷出行相适应，要进一步把农村公路建好、管好、护好、运营好，逐步消除制约农村发展的交通瓶颈，为广大农民脱贫致富奔小康提供更好的保障”。

2015年5月26日，交通运输部印发《关于推进“四好农村路”建设的意见》提出，到2020年，全国乡镇和建制村全部通硬化路，养护经费全部纳入财政预算，具备条件的建制村全部通客车，基本建成覆盖县、乡、村三级农村物流网络，实现“建好、管好、护好、运营好”农村公路的总目标。交通运输部将通过采取加强组织领导、夯实工作责任、开展示范县创建活动、加强监督考核、加强资金保障等有效措施，确保到2020年实现乡镇和建制村通硬化路率达到100%，县乡道安全隐患治理率基本达到100%，县、乡级农村公路管理机构设置率达到100%，具备条件的建制村通客车比例达到100%“四好农村路”建设目标。

完善村庄公共照明设施。为方便群众夜间出行，改善农村群众人居环境，必须加快推进村庄亮化工程。随着老百姓生活水平不断提高，利用照明来改善夜晚的景观，对展现村镇风貌、改善居住环境、丰富百姓娱乐文化生活都有积极的影响，可大大提高群众的幸福指数。应在村庄主要街道两侧，文化广场、学校、村民中心等重要场所安装照明设施，实现主要道路和重要场所全面“亮化”。积极提倡节能减排，大力推进太阳能路灯的推广与普及。

知识链接

“四好农村路”催生义乌乡村蝶变

截至2018年11月，义乌公路总里程1535.727公里，其中农村公路1373.617公里，占比89.5%，农村公路密度为124.3公里/百平方公里，形成了以国省道为主干道，县乡道为主体，乡村道为基础，纵横交错、贯穿全域的公路网。“红糖飘香”精品线位于义乌义亭镇，线路总长约19公里，沿途经过20余个村庄，沿线分布着10多个榨糖厂，是义乌所有精品线中较长的一条。精品线依托四海大道、吴畈线、义杭线等主要道路交通，围绕打造“中国众创乡村”的主题，以特色产业为基础，以生态农业为核心，以红糖文化等地方文化为特色，打造成一条集糖料作物种植加工、文化传承等为一体的“红糖飘香”农情体验精品线。漫步在这条精品线上，闻着空气中的红糖香，体验缸窑文化的熏陶，感受和美乡村的蝶变。

“十路十景”精品线串起美丽乡村。近年来，义乌持续多年高起点、高标准、高水平地推进“四好农村路”建设，打造出了一个全域“四好”、突出“精品”、共创和美的义乌样板。立足义乌现有交通基础设施网络和区域生态优势、产业特色、乡村文化等要素，结合美丽乡村建设，全面推进精品路创建，以农村公路为依托，重点打造“望道信仰”“千年古镇”“红糖飘香”农情体验、“赤岸西海”山水浪漫、“五色城西”慢旅生活等各具特色的10条美丽乡村精品线，串联沿线村庄175个，辐射带动全市732个农村集成发展，为和美乡村建设注入活力。

让农村公路成为产业集聚的“纽带”。创新“美丽公路+”模式，串起美丽乡村、连通美丽景区、联动美丽产业、带动美好生活，打通绿水青山转化为金山银山的畅途。在加快10条精品线基础设施建设的同时，义乌差异化开展农业招商引资，招商环境不断得到优化，建立了“1（精品线）+1（项目库）”联动招商机制，打开项目发展空间，带动农业产业实现质的飞跃。未来，义乌还将继续加快公路网和公交网的扩张和延伸，努力打造300公里的美丽经济交通走廊，推进农村公路全域“四好”再上一个新台阶。

“四好农村路”铺就乡村振兴致富路。“行四好农村路，游青山绿水，吃农家饭菜”已成为众多义乌市民时下最流行最时尚的新旅游休闲方式，“农家乐”不仅给城里人创造了一个周末休闲的好去处，也增加了农民收入。

（周轩、徐益丰：《“四好农村路”如何催生义乌乡村蝶变》，《金华晚报》2018年11月13日）

（三）统筹各类管道工程，服务生活质量提升

1. 电网

农村电网是农村重要的基础设施，对促进农业农村发展、改善农民生产生活条件具有不可替代的作用。加快新型小城镇、中心村电网和农业生产供电设施改造升级，有条件的乡村地区，在完善农村电网架构、缩短供电服务半径、提高户均配变容量的基础上，逐步提高农村电网信息化、自动化、智能化水平。在偏远乡村，结合新能源扶贫工程和微电网建设，提高农村电网接纳分布式新能源发电的能力，鼓励相关企业因地制宜建设水能、太阳能、风能、生物质能等可再生能源局域电网。全面推进贫困村电网升级改造和基站建设。稳步推进农村电网投资多元化，在做好电力普遍服务的前提下，结合售电侧改革拓宽融资渠道，探索通过政府和社会资本合作（PPP）等模式，运用商业机制引入社会资本参与农村电网建设改造。进一步优化电力供给结构，缩小城乡供电服务差距，不断提高农村电气化水平。通过实施“农村电网改造升级、农村用电公共服务均等化、理顺电网管理体制、农村电网电压质量提升”等一系列工程，逐步解决农村电压不稳、电损量大、抄表难等问题，为农村经济社会发展、农民生活质量改善提供更好的电力保障。

知识链接

“十三五”期间农村电网改造升级主要目标

到 2020 年，全国农村地区基本实现稳定可靠的供电服务全

覆盖，供电能力和服务水平明显提升，农村电网供电可靠率达到99.8%，综合电压合格率达到97.9%，户均配变容量不低于2千伏安，建成结构合理、技术先进、安全可靠、智能高效的现代农村电网，电能在农村家庭能源消费中的比重大幅提高。东部地区基本实现城乡供电服务均等化，中西部地区城乡供电服务差距大幅缩小，贫困及偏远少数民族地区农村电网基本满足生产生活需要。县级供电企业基本建立现代企业制度。

——国家发展改革委：《关于“十三五”期间实施新一轮农村电网改造升级工程的意见》

2. 水网

努力推进农村饮水同网、同源、同质，扩大集中规模化供水覆盖面。严格执行《农村饮水安全工程建设管理办法》的各项规定，全面落实以市、县、乡三级行政首长负责制为核心的农村饮水安全保障责任制，落实工程质量终身责任制，加强建设项目全过程质量管理，加强材料设备特别是水处理设备、管材的质量监管。抓好水源选择、水量水质保障等重点工作，扎实抓好农村饮水安全水质检测中心建设工作，依托较大规模水厂、供水管理机构和卫生疾控部门现有水质监测机构，分期分批建设和完善区域农村饮水安全水质检测中心，提高各地农村供水水质检测和监测能力。通过新建或改扩建集中供水厂、改造村级供水站、更新改造供水管网等措施，更好保障农村饮水安全。在供水井处布置饮水消毒设备，从源头上对水质进行检测和处理，定期进行水质监测，避免造成水质下降。合理布置村庄供水管网，更新饮水管道。选用标准的给水管材，设置检修阀口、泄水装置、排气阀等重要阀口，便于管道维护与管理。

3. 天然气管网、热力管网

按照宜气则气、宜电则电、尽可能利用清洁能源的原则，推进农村清洁取暖。加快燃气管网向村镇延伸，尽快形成以电网为基础，与天然气管网、热力管网等互补衔接、协同转化的能源设施网络体系。支持绿色能源示范村镇、可再生能源集中供热等重大工程建设，重点支持生物质供热、规模化生物质天然气、规模化大型沼气、太阳能、地热能、风能等技术的推广应用，鼓励多能互补系统工程的示范应用，提高农村清洁能源自给率。

4. 信息通信网络

积极实施国家电信普遍服务试点项目，推进“智慧乡村”建设，完善农村信息化基础设施，加快农村地区光纤宽带网络和 4G 网络覆盖步伐。

（四）加快公共服务设施均等化

地方政府有限的财力及供给能力与农村基础设施公共物品属性之间的矛盾，是我国农村基础设施投入总量不足的主要原因之一，由此产生的直接后果就是我国城市与农村居民享有的基础设施存在着较大的不平等。近年来，我国农村人居环境明显改善，基本社会服务不断向乡村延伸，多数公共品和公共服务已经在乡村实现了广覆盖，但其数量和质量与城市相比仍存在较大差距，加快城乡公共服务设施均等化的工作还应持续扎实推进。

推进农村社区建设。加强农村卫生、医疗、文化、教育等公共服务建设，完善农村社区卫生服务中心（乡镇卫生院）、村卫生室、文化活动场所、快递便民服务网点、连锁便民店、警务室等设施，鼓励建设养老机构、老人日托中心、居家养老照料中心等，提升基本公共服务供给水平，努力形成以中心村为核心的 30 分钟公共服务圈。

提升乡村基本服务设施功能。以改善设施、完善要素、拓展功能为重点，推进“乡村舞台”、活动广场、便民服务中心建设，高标准建设农民体育健身工程，加强篮球架、乒乓球台、健身活动器材等体育设施配套。满足广大人民群众日益增长的生活需求，有条件的乡村应超前规划停车场设施建设。积极推进文化活动室、文化礼堂、广播室等文化设施配套，在农村实现物质生活快速小康的同时，潜移默化推进精神生活同步小康。

典型案例

山东实施农村“七改工程”带来美丽乡村

2016 年的 5 月 7 日，山东省委、省政府印发《关于深入推进供给侧结构性改革的实施意见》，其中提出，要在农村推进“改路，改电，改校，改房，改厕，改水，改暖”，简称“七改”工程。

“七改”正在让山东农村的生活面貌发生着实实在在的变化。

经过近一年的落实，2017年全省已完成200万户以上农村无害化卫生厕所改造。目前，山东不少地区已开始实施“改厕”工作，至2018年，每年改造200万户，基本实现全省农村无害化卫生厕所全覆盖。改路方面，全省基本形成以县道为骨架、乡道为支线、村道为脉络的农村公路网络体系，在“村村通”的基础上启动农村道路“户户通”工程，并加强公路隐患整治、危窄桥改造、老油路改造等公路防护工程建设，改造完成农村公路3200公里。改电方面，山东省提出2016年全面实现自然村动力电“村村通”，2017年实现中心村电网“村村改”、机井电力“井井通”。改水方面，农村自来水普及率稳定在95%以上。改房方面，大力推进农村危房改造，全省累计改造农村危房34.5万户，80多万农村困难群众住上“放心房”，建档立卡贫困户危房改造任务基本完成。改暖方面，到2020年年底，全省70%以上的村庄实现冬季清洁供暖。此外，农村垃圾污水治理水平显著提高，实现城乡环卫一体化所有村庄全覆盖，形成了成熟的“户集、村收、镇运、县处理”垃圾处理模式，“建设运营一体、区域连片治理”的污水治理模式初步形成。“七改”工程的大力推进，让齐鲁大地农村面貌焕然一新，改出了美丽乡村的好“里子”，提高了农民生活品质，让农民享受到了实实在在的实惠。

山东创新供给侧结构性改革，“七改”改出农村新活力。山东把实施农村“七改”工程作为供给侧结构性改革重要突破点，既建成一批惠民便民工程，无形中又撬动了上千亿元的农村市场。通过实施“七改”工程，既能改善农村的基础设施条件，提升环境宜居水平，又能有效地扩大农村投资需求，培育新的增长点。激发农业农村发展的活力。山东把改造农村基础设施与推进供给侧结构性改革结合起来，改善了民生，拉动了经济，取得了实效。根据测算，山东“七改”工程撬动农村消费市场超千亿元。

山东省乡村振兴规划续写“七改”行动辉煌。新颁布实施的《山东省乡村振兴战略规划（2018—2022年）》中明确提出，要深化农村“七改”建设。坚持把农民群众生活宜居作为首要任务，重点改善农村路水电气房厕及垃圾污水处理等基础设施条件。实施道路通村组、道路入户工程，到2020年基本实现农村道路“户户通”。推进农村饮水同网、同源、同质，扩大集中规模化供水覆盖面。提升城乡环卫一体化水平，推动全国农村生活垃圾分类示范县建设，有条件的地区推行垃圾就地分类和资源化利用。推进农村生活污水治理有效处理，加强农村水污染防治，农村新型社区基本实现污水全收集全处理。对新出现的群众住房安全问题，及时纳入危房改造计划，确保群众住上安全房。推进村庄绿色亮化，实现主要道路和重要场所有照明路灯。按照宜气则气、宜电则电、尽可能利用清洁能源的原则，推进农村清洁取暖。

通过实施“七改”工程，下一步还要嵌入标准化模式。通过精准到户、村、镇三级体系的标准化，切实将标准化切入系统工程。通过“七改”，更好地优化农村的生活环境，推动农村的消费结构升级，促进城乡消费结构有机接续，为经济发展注入新的能量。

二、实施“美丽村居”建设

全面推进乡村危旧房改造和绿化工作，重点抓好乡村公共空间整治工作，持续开展农村人居环境整治行动，促进和推动乡村群众生活环境的舒适、整洁、绿化、美化，积极打造具有乡村特色的绿化景观，建设环境优美、生态良好、村民自治、管理有序的美丽村居，为老百姓留住鸟语花香田园风光。

（一）加快危房、危桥改造，保障人民生命财产安全

实施危房改造任务工程。按照精准扶贫、精准脱贫的要求，坚持“最危险房屋、最困难群众”优先的原则，优先帮助住房最危险、经济最贫困农户解决最基本安全住房的要求，将建档立卡贫困户、低保户、农村分散供养特困人员和贫困残疾人家庭 4 类对象住房，作为农村危房改造的重点，放在农村危房改造重点位置。对新出现的群众住房安全问题，及时纳入危房改造计划，优先安排有严重安全隐患的农房改造，确保不出现倒房塌房事件，确保群众住上安全房，确保困难农户生命财产安全。积极开发推广低造价农房建造技术，不能只建房屋壳子，还要保障改厕、改厨、通风、保温等基本居住功能，满足人畜分离等基本居住卫生条件，不断提高改造后农房的适应性。

危旧房改造与拆迁并点相结合。通过合村并点、生态搬迁等方式，瞄准群众最关心最直接最现实的利益问题，以保障农民基本生产生活条件为底线，积极推动农房集中连片治理。坚持村庄搬迁撤并与新型城镇化、农业现代化相结合，依托安置新村、小城镇、产业园区、旅游景区等适宜区域，促进农民就地就近安居和转移就业。

农村公路生命安全防护工程及危桥改造。启动偏远山区和集中连片特困地区危路、危桥的摸底排查工作，加快推进现有溜索改桥和渡口改造进度，确保“建成一条、达标一条”。

（二）全面推进乡村绿化，建设具有乡村特色的绿化景观

开展乡村绿化行动，以公路、河流、铁路为线，以农田、片林、经济林为面，重点推进村内绿化、围村片林和农田林网建设，实现庭院、沟渠、通道、农田周围全面增绿，完善农田林网、围村片林、灌溉渠系等生态廊道，综合提升田水路林村风貌，促进人与自然和谐共生、村庄形态与自然环境相得益彰。

加大村庄道路沿线绿化建设。围绕环城镇、环村庄、沿公路、沿河道、沿轨道“两环三沿”，开展造林种草绿化行动，发挥林草植被在改善农村生态环境中的作用。坚持人工造景与自然景观相结合，合理布局“两环三沿”两侧行道树，呈现道路沿线的自然景观。以村域河道、溪沟、山脊、道路风景线等为重点推进绿道建设，完善自行车道、步行道等慢行服务设施，展示多样化的自然风光，打造“村在林中，路在绿中，人在景中”的新图景。

充分利用村庄闲置空地开展绿化。结合实施新一轮百万亩造林工程，充分利用闲置土地组织开展植树造林、种草、湿地恢复等活动，大幅度扩大绿色生态空间，建设具有乡村特色的绿化景观。加强乡村人口聚居地和公共空间的绿化建设，鼓励房前屋后种植果木，实现点上成景、线上成带、面上成片，形成村庄园林化、庭院花果化的乡村绿化格局，提高乡村整体绿化水平。在具备条件的地区集中连片建设生态宜居的美丽

乡村。

因地制宜建设村野公园。严格保护乡村古树名木。清理破败空心房、废弃住房、闲置宅基地等，并对产生的闲置用地实施菜地化处理或开展绿化美化，有条件的乡村可以建设村野公园。新建公园景观小品体现当地文化特色，保留乡土元素，与周边环境相协调，乡土树种为公园的基调树种，乡土植物占植物总量的 70% 以上。

加强绿化环保宣传，引导农民群众树立环保观念，不乱砍滥伐，不搞破坏，积极参与乡村绿化工作，主动搞好家庭的庭院绿化。

知识链接

建设智慧绿色乡村

数字乡村是伴随网络化、信息化和数字化在农业农村经济社会发展中的应用，以及农民现代信息技能的提高而内生的农业农村现代化发展和转型进程，既是乡村振兴的战略方向，也是建设数字中国的重要内容。2019 年 5 月，中共中央办公厅、国务院办公厅印发了《数字乡村发展战略纲要》，本纲要对建设智慧绿色乡村作出了明确要求，主要有以下几个方面。

1. 推广农业绿色生产方式

建立农业投入品电子追溯监管体系，推动化肥农药减量使用。加大农村物联网建设力度，实时监测土地墒情，促进农田节水。建设现代设施农业园区，发展绿色农业。

2. 提升乡村生态保护信息化水平

建立全国农村生态系统监测平台，统筹山水林田湖草系统治理数据。强化农田土壤生态环境监测与保护。利用卫星遥感技术、无人机、高清远程视频监控系统对农村生态系统脆弱区和敏感区实施重点监测，全面提升美丽乡村建设水平。

3. 倡导乡村绿色生活方式

建设农村人居环境综合监测平台，强化农村饮用水水源水质监测与保护，实现对农村污染物、污染源全时全程监测。引导公众积极参与农村环境网络监督，共同维护绿色生活环境。

（三）整治公共空间和庭院环境

聚焦农村环境卫生“脏、乱、差”问题，以主干道路、通村道路沿线、村庄周边、庭院内外、养殖小区等为重点，对村道、卫生死角、村边等重点区域的生活垃圾、建筑废料、杂草枯叶、漂浮物等进行认真仔细清扫、打捞，并将整理出来的垃圾及时进行清运，保护山水田园景观，整治美化公共空间，全力创造干净、整洁的人居环境。

1. 整治通村道路沿线环境卫生

大力整治农村公路、河道环境，整治垃圾乱倒、粪便乱堆、畜禽乱跑、柴草乱放、污水乱排的“五乱现象”。对村域内河道、池塘、沟渠进行全面清淤清杂。全面清理路域范围内的草堆、粪堆、垃圾堆、废旧薄膜、塑料袋和非公路标志，清除村内道路堆放的砖、沙石以及废弃的建筑材料和杂物。清理的麦草秸秆进行打包、压捆，有序堆放。净化道路沿线及周边环境，建设美丽乡村，打造生态优美、宜居宜人的生活环境。

2. 整治居民庭院内外的环境卫生

对农户房前屋后杂物、围栏、臭水沟、坑洼地等，通过绿化、开辟菜地、配置竹篱（绿篱）围栏等措施进行规范整理。督促群众严格落实“门前三包”责任制，清除农户庭院内外的垃圾、杂物，规整院内堆放物品，积极开展庭院美化亮化，提升人居整体形象。集中开展清杂物、清残垣断壁、清庭院活动，实行农户门前自清、庭院自清、环卫轮流值班等责任制，确保村庄街头巷尾干净畅通，房前屋后整齐清洁，美化村容村貌，打造生态宜居模范村。开展“美丽庭院”创建行动，支持连片打造美丽乡村，把一个个“盆景”连成一道道“风景”，形成一片片“风光”，努力培育特色风貌示范村。

3. 整治养殖小区环境卫生

清理养殖小区周边的畜禽粪便、柴草秸秆、生产垃圾，对畜禽粪便和污水等废弃物进行无害化处理，实现粪便无害化处理和资源化利用，防止环境污染。

4. 消除私搭乱建

坚决拆除违章、乱搭乱建的建筑物，消除居民身边的脏乱差，改善居民生活环境，提高居民幸福指数。结合安全隐患大排查、大清理、大整治专项行动，加大对农村“三合一”“多合一”违法经营场所的清理和现有违建的拆除力度，坚决遏制新增违建。整治农村供电、网络、电视电话线路乱拉乱接问题，规范网络、线路的布局。对村内违章建筑、影响交通的建筑、与自然景观不协调且无保护价值的破旧房屋进行拆除清理或整体遮挡，并在外侧墙壁建设文化墙。严控城里人到农村违建住宅，坚决杜绝小产权房、大棚房。建立“两违”防控治理工作机制，落实巡查责任机制，确保“两违”零增长，做好拆违后土地利用，及时清理遗留的垃圾，恢复场地平整，涉及耕地的予以复耕，涉及林地的予以复绿。

5. 培育文明健康生活方式

把培育文明健康生活方式作为培育和践行社会主义核心价值观、开展农村精神文明建设的重要内容。鼓励群众讲卫生、树新风、除陋习，摒弃乱扔、乱吐、乱贴等不文明行为。提高群众文明卫生意识，营造和谐、文明的社会新风尚，形成文明村规、民约、乡风的“新风工程”，使优美的生活环境、文明的生活方式成为农民内在自觉要求。坚持镇、村、组三级联动，广泛发动群众，开展环境卫生整治活动，推进卫生县城、卫生乡镇等卫生创建工作。

专家观点

让广大农民在乡村振兴中有更多获得感幸福感

良好生态环境是农村最大优势和宝贵财富，良好的人居环境是广大农民的殷切期盼，保护好绿水青山和田园风光，留住独特的乡土味道和乡村风貌，是乡村振兴的当务之急。要大力推进农村人居环境整治，推动水、电、路、气、房、讯等基础设施向农村延伸倾斜，给农民一个清新洁净的美好家园。当前，农业农村发展进入新阶段，城乡发展不平衡、农村发展不充分问题依然突出。必须采取超常规措施，以乡村振兴战略为总抓手，坚持农业农村优先发展，加快补齐农业农村发展这个短腿短板，加快农业农村现代化，防止城市化过程中乡村凋敝。这既是国家整体战略必不可少的重要组成部分，也是建设富强民主文明和谐美丽的社会主义现代化强国目标在农村的具体体现。

2018 年是实施乡村振兴战略的开局之年。在这次党和国家机构改革中，中央把农村人居环境整治工作的牵头任务交给了农业农村部，深感责任重大。我们要牢固树立绿水青山就是金山银山的发展理念，加强农村突出环境问题综合治理，扎实实施农村人居环境整治三年行动计划，推进农村“厕所革命”，完善农村生活设施，打造农民安居乐业的美丽家园，让良好生态成为乡村振兴支撑点。以绿色发展引领乡村振兴，构建人与自然和谐共生的乡村发展新格局。

——农业农村部党组书记、部长　韩长赋

三、挖掘特色乡村风貌

统筹兼顾农村田园风貌保护和环境整治，充分挖掘和利用乡村的自然环境、乡土文化、农耕特质、民族特色、地域特点，注重乡土味道，强化地域文化元素符号，把保持原有村居风貌和引入现代元素结合起来，注重保护、留住乡愁。

（一）保护乡土风貌，留住乡愁

把乡土风貌作为一个主打品牌、一个民生工程来精心经营。按照生活空间宜居适度、生态空间山清水秀的要求，遵循乡村自身发展规律，注重乡土味道，保留乡村风貌，建设立足乡土社会、富有地域特色、承载田园乡愁、体现现代文明的美丽乡村，提升乡村居民生活质量，打造各具特色的现代版“富春山居图”。

以多样化为美，突出地域特色。生态宜居乡村建设的规划，要体现差异化、多元化，展现个性之美，彰显乡村生态特色。比如，水系发达乡村体现水乡韵味，平原乡村营造田成方、林成网的平原美景，丘陵地区乡村打造山村风貌，沿海地区乡村表现海洋风情，充分体现具有山区、平原、水乡、海滨等不同地域特色的自然风貌，彰显丰富多彩的乡村风格。保护好传统风貌，保护古树名木，不破坏山水田林湖、水乡风韵和乡村风貌，保留村庄自然风貌。建立历史建筑档案，对不可移动文物、历史建筑、传统风貌建筑予以有效修缮，新建建筑保留地域传统风貌。

统一做好村寨风貌改造。按照“村在景中”的规划理念，对村庄的村落风貌、乡土风情、建筑风格、田园风光、特色产业、基础设施等进行个性化指引，做到保护自然生态、保留乡村风貌、体现乡村味道。要把自然景观、风土人情、田园风光等“田园牧歌”的乡愁，作为村落提升的重要内容。本土真实的村落文化，会唤起离家人真实的记忆，人们通过享受、感悟、认识，又会吸引更多的人走进这种文化，从中收获各类信息，这是乡愁带给我们的最大力量，“筑巢引凤”，吸引人才回乡投资创业。

（二）科学规划村庄建筑布局

1. 严格推行“多规合一”

乡村规划要实现与土地利用总体规划、历史文化名村保护规划、传统村落保护发展规划、景区规划、乡村旅游发展规划等有关规划的无缝对接。加强乡村规划管控，对农村居民点分布、设施配套和建房位置要按规划严格控制，根据美丽乡村布点规划，合理规划选址，以规划引导农民按实际需求理性建房。要设计合理的建设地点，符合大散居、小聚居的农耕生活方式；设计合理的布局方式，尊重依山、就湾、面水、顺坡的建房习俗；形成“重点突出、梯次合理、特色鲜明、相互衔接”的村庄布局规划体系。

专家观点

做好乡村规划编制

截至2016年，全国已有323373个行政村编制村庄规划，占全部行政村的61.5%；830335个自然村编制村庄规划，占全部自然村的31.7%。从合理规划布局出发，使乡村居住的房屋建筑、基础设施、公共空间等更加科学合理。将生态宜居乡村建设与推进农村综合治理、创建农村精神文明有机结合起来。实行乡村资源整合，开展村域综合规划和环境综合整治。深入挖掘乡村的地理风貌和民俗风情等特色，发展乡村观光休闲、文化体验及乡村度假等生态旅游。在村容村貌及景观改造上注入乡村特色文化，把乡村特色文化融入生态宜居乡村建设实践中。以文化传承和发展为根本出发点，使历史古迹得以保护、传统技艺得以继承、民间文化得以发扬，促进乡风文明建设。

——中国社会科学院农村发展研究所研究员　包晓斌

2. 注重规划区域特色

保护自然景观，传承历史文化，提倡城镇形态多样性，保持特色风貌，防止“千村一面”。强调对历史和人文底蕴的古村落的保护和修复，探索设立村庄建设保护红线，推动特色资源保护与村庄发展良性互促。针对沿海、平原、山丘区、滩区、湖区等乡村面貌，探索适宜性路径，发展特色型村庄。对残旧房屋、废弃宅院等进行合理利用，农村危房改造要注重体现地域特点，突出乡村特色，保护生态环境，传承建筑风貌，加强传统村落和传统民居保护，实施农房风貌管理。

3. 大力提升农房设计水平

大力提升农村建筑风貌，突出乡土特色和地域民族特点，编制乡村风貌整体设计和乡村风貌建设技术导则，指导民居特色的整体塑造。开展田园建筑示范，注重农房单体个性设计，就地取材，充分利用原有砖瓦、原石，降低建设成本。设计合理的改造方法，不能将房屋都推倒重建，更多的是进行改造，改造过程中尊重原有建筑的本来风格和质感，尊重原有的居住生活习惯，着力完善民居内部生活设施，适当加以外立面改造装饰，坚持从内到外进行美化，提高居住的舒适度。保护乡情美景，在独一无二的东西上做文章，努力让每一个乡村都散发属于自己的独特味道。

4. 处理好“建新”与“修旧”两个关系

明确“古村以独特魅力吸引游客、新村以完善的设施服务游客”的功能定位，做好相互衔接。一是鼓励古村落原住民在古村落内留住，从政府专项资金和古村落保护开发收益中对古民居修缮保护予以补助；古村落里民居、巷弄、院落、河流、古井、坟地、一草一木等，均是物质层面的保护利用对象，而发生于这些物质存在中的记忆、习惯、仪式、信仰、手工技艺等传统文化同样重要。二是设定土地置换指标与标准，让部分原住民搬出老房，在指定区域按规划另建新房；要高标准做好新村的规划建设，为村民提供良好、经久的居住环境，并完善旅游配套服务设施，如餐馆、旅店、商店等，这些设施应大部分建在新村，避免在古村过度建设而破坏冲淡古朴韵味。三是政府或开发公司通过货币补偿或产权置换的方式收购古建筑、房屋的产权，由专业公司进行保护开发。

典型案例

安徽蚌埠古民居博览园的开发与保护

安徽省古民居主要分布在皖南、皖西山区，其中皖南古民居最为典型，是全国七大古民居群之一，现存8000多处。被称为“露天博物馆”的安徽蚌埠古民居博览园，占地5000亩，已经建设6年，总投资将超过百亿元人民币。目前，已抢救、复建了来自全国各地的450栋古民居。蚌埠古民居博览园精心打造集古民居建筑文化交流展示、文化产品开发、文化创意企业集聚、特色休闲旅游等功能于一体的生态型文化产业园区，是以保护、传承中国古建筑文化及传播、保护世界古建筑文化为主的博览园。

在这里可以感受中国文化与世界文化的洗礼，世界的文化、旅游、优质的商品将在这里展示，并让游客沉浸式体验。随着文物保护政策的完善与创新，越来越多古民居得到原址保护与活化利用，那些濒临毁灭、无法原址保护的古民居，也借易地重建“留住乡愁”。

形成政府引导、市场运作的可持续保护机制。在古民居保护方面，安徽省创新探索了古建筑认领、认租和认购的保护方式。仅在歙县，社会资金已认领、认租和认购80余幢古民居，明确了保护主体，缓解了私有产权民居保护资金不足的难题。

加强对古民居的文化内涵挖掘与保护。房子是人住的，人住久了，也就有了很多故事，这既是历史的，也是文化的，这是古民居文化价值的核心。蚌埠古民居博物馆之所以魅力大，是其将各地的古建筑巧妙地融合在一起，古民居文化风情街、古戏台剧场、古民居博物馆、佛雕艺术馆、古树名木园等，不仅仅呈现出一个静态的古建筑群，也是一个动态的文化聚集地，更能产生客观的旅游社会效益。古民居的保护，不仅是一座座古建筑被保护，更重要的是其中的文化能够被传承，让古民居能“活”起来，才能够延续其生命力。

档案管理与旅游开发相结合。为每一栋老房子建立完整的档案，通过新技术，有效呈现各地区不同时期、不同阶段、不同阶层的生活方式、历史信息、民俗工艺、名人典故等，用丰富的人文内涵和情境再现唤起人们对立式的记忆和留恋。不能以简单的景区旅游方式进行运营，要在商业运营区域范围内合理测算和控制游客人流量，否则容易造成污染和损坏。

加大科普宣传力度，形成全民保护意识。由于传统古民居数量多，且地处范围广，单靠政府的力量是不足以使古民居得到更好开发的，所以，人民群众的力量不可或缺。无论是对古民居私人持有者，还是对异地建设后的周边群众，或是前来游览的游客，加强对古民居的保护意识都是极其重要的。

（三）做好传统乡村保护与改造

传统村落，是指既拥有宏观的物质固态文化，又拥有以民俗形式为主的非物质文化，在文学、美学、建筑学、地理学、风水学、社会学等方面具有较高的研究和利用价值的村落。传统村落浓缩了我国大量优秀的传统文化精髓，充分展现了我国五千年来劳动人民的聪明和智慧，是农耕文明遗留下来的宝贵遗产。村落是农耕生活的源头，至今依然还是广大农民生产与生活的家园。它拥有着丰富的历史遗存，蕴含着灿烂的民间文化，承载着各族人民的精神本质与气质，是我们中华民族文化的重要组成部分。

知识链接

传统乡村规划要精准施策，不能搞一刀切

要推动乡村振兴健康有序进行，规划先行、精准施策、分类推进，科学把握各地差异和特点，注重地域特色，体现乡土风情，

特别要保护好传统村落、民族村寨、传统建筑，不搞一刀切，不搞统一模式，不搞层层加码，杜绝“形象工程”。要充分尊重广大农民意愿，调动广大农民积极性、主动性、创造性，把广大农民对美好生活的向往化为推动乡村振兴的动力，把维护广大农民根本利益、促进广大农民共同富裕作为出发点和落脚点。

——习近平：《在参加十三届全国人大一次会议山东代表团审议时的讲话》（2018 年 3 月 8 日）

保护历史文化村落。尊重农耕文明，建立省级传统村落名录，对历史文化名村、传统村落及少数民族特色村寨、民居等进行重点保护，严格保护古村落的格局、风貌、田园景观以及空间形态，对具有历史、人文价值的村落不得拆建。挖掘传承传统文化，强调对历史和人文底蕴的古村落的保护和修复，按照保护建筑、保持肌理、保存风貌、保全文化、保有生活的要求，加强对古居、古街、古井、古树、古桥、匾额等历史文化要素的保护，做到“修旧如旧”，彰显原始风味，延续村庄传统文脉。

知识链接

中国传统村落名录

为促进传统村落的保护和发展，住房和城乡建设部、文化部、财政部于 2012 年组织开展了全国第一次传统村落摸底调查，在各地初步评价推荐的基础上，经传统村落保护和发展专家委员会评审认定并公示，确定了第一批共646个具有重要保护价值的村落列入中国传统村落名录。同时，为指导地方做好相关工作，住房和城乡建设部、文化部、财政部印发了《关于加强传统村落保护发展工作的指导意见》，《意见》要求各地对已登记的传统村落进行补充调查，完善村落信息档案，根据《传统村落评价认定指标体系（试行）》，建立地方传统村落名录。各级传统村落必须编制保护发展规划，确定保护对象及其保护措施。

2013年8月6日，住房和城乡建设部发通知公示第二批中国传统村落名录，包括北京市门头沟区斋堂镇马栏村、北京市昌平区流村镇长峪城村、密云县新城子镇吉家营等915个村落列入其中。

2014年11月17日，住房和城乡建设部等七部发通知，公示第三批中国传统村落名录，共994个村落。

2016年12月9日，住房和城乡建设部等七部发通知，公示第四批中国传统村落名录，共1598个村落。

（中华人民共和国住房和城乡建设部官网）

编制村庄保护发展规划。明确保护范围、原则和要点，科学划定核心保护区、建设控制区和风貌协调区等保护层次，严格规划实施保护区内古建筑、古街区的维护与修复，明确新区建筑特色和风格，科学制定村基础设施、公共服务设施建设、传统文化保护、村域经济发展目标任务等。

打造特色乡村建筑。努力挖掘乡土特色和地域民族特点，发展体现地域特点、民族特色和时代特征的乡村建筑。开展乡村风貌提升行动，探索乡村风貌分区、特色风貌带、田园建筑示范点的研究与划定，编制乡村风貌建设技术导则，保护保留乡村风貌，留存具有浓郁地方特色和乡土风情的人文景观。积极开展田园建筑示范，培养一批传承古法技艺的乡村建筑工匠，推动建设一批富有乡村气息、与自然环境协调、美观大方、色彩适宜的田园建筑。努力形成一批体现地域特色的传统民居，避免出现项目同质化。

做好特色乡村的品牌宣传与价值体现。充分挖掘特色名镇名村历史、文化、旅游等方面的资源，加强对乡村人文景观与自然景观的保护性开发利用。具备特色资源、产业基础较好，尤其是文化底蕴深厚、历史悠久、风貌独特的村庄，打造乡村振兴特色村。特色资源类村庄，包括历史文化古村、传统村落、自然风光独特村及民族村寨等，要统筹保护、利用与发展的关系，保护历史文化资源和传统建筑，传承民风民俗和生产生活方式。要保护传承乡土文化，向开发农业多种功能要动力，把美丽乡村建成带动农民增收的聚宝盆。以良好的文化品位和整体形象，增强乡村发展对企业、人才、资金的吸引力和对城乡经济社会持续发展的支撑力。

延伸阅读

1. 潘丹、孔凡斌：《生态宜居乡村建设与农村人居环境问题治理：理论与实践探索》，中国农业出版社 2018 年版。

2. 张天柱、李国新等：《乡村振兴之美丽乡村规划设计案例集》，中国建材工业出版社2018年版。

3. 骆中钊：《新农村风貌营造》，中国电力出版社2018年版。

深度思考

1. 如何科学引入乡村基础设施建设的PPP模式？基础设施使用过程中的长效管护机制如何构建？

2. 欠发达地区和边远山区的乡村如何更好地享受基础设施配套公平？

3. “留得住乡愁”是美丽村居建设的灵魂，尤其是乡村改造重建过程中，既要注重传统建筑、历史古迹保护，也要注重乡土文化、风貌习俗的传承。村容村貌的整治如何更好地保留地域传统风貌？

第七章

推动实现生态资源价值

良好生态环境是农村的最大优势和宝贵财富，但优良的生态环境不会自动产生价值。让绿水青山成为金山银山，关键要做好转化文章。要立足自身优势，以生态环境友好和资源永续利用为导向，盘活乡村各种资源，深度挖掘发展潜力，做大做强“生态+”产业体系，实现资源多元化增值，在保护性开发的基础上，努力开发田园综合体、特色小镇等精品模式。

一、正确处理开发与保护的关系

乡村在经济振兴的过程中，需要同步实现生态振兴，正确处理农村经济发展与环境保护关系。保护生态，尊重自然、顺应自然、保护自然，实现优美环境等资源的最佳配置，让广大农民在优美舒适的环境中享受生活，这是乡村振兴中首先要做好的一环。

（一）乡村盲目开发的问题

乡村旅游关联带动性强，是促进城乡一体化的新型业态，是加快推进新型城镇化的有效之举。乡村旅游开发成为各地农村发展的主要看点，自然也成为各级政府政绩考核的重要依据。全国两千多个县中，绝大多数都把发展旅游业作为兴县之策，尤其是党的十九大后，全国各地都把乡村旅游开发（田园综合体、特色小镇等）作为实施乡村振兴战略的主要抓手之一。

随着近几年旅游业的盛行，加上政府极力扶持文化和绿色旅游产业的发展，我国乡村旅游取得了长足进步。大多数古村落不再“深居山林”，不甘“落寞”，都开始不同程度地借着古村落特有的资源价值搞开发、旅游和民宿。但由于许多地区“跟风”似的盲目开发，不仅破坏了原有的自然资源，还造成大量重复建设。主要问题有以下几个方面。

1.“大刀阔斧”开发导致资源破坏严重

在建设开发过程中，古村落“重申报、轻保护”，“重旅游开发、轻文化保护”，商业化过度开发中“拆旧建新”，使整体风貌得不到完整保护，存在古建筑和新事物格格不入的情况。

2. 盲目复制，千篇一律

现在很多乡村发展旅游，动辄投资几亿元、十几亿元，却是为了追求“高大上洋”，犯了方向性错误。而且模仿之风盛行，一个乡村的旅游发展得好，大家都跟着学。如陕西袁家村通过打造小吃街发展乡村旅游成功后，全国很多地方都在复制袁家村，光陕西省就有几十个，但是几乎都没有复制成功。随着工匠精神和民间艺术的淡化与消失，古村落景区出现越来越多的“同质化”的旅游产品，各个村落独特的历史文化价值和艺术资源没有被挖掘。

3. 特色小镇变相房地产开发

特色小镇出现房地产化苗头，原因在于一些地方的传统路径依赖。

政府缺钱，认为抢到特色小镇这顶“帽子”，就有项目、来钱快，效果立竿见影。而企业缺地，以特色小镇名义拿地容易，成本低。二者一拍即合，于是，各地出现一批康养小镇、体育小镇、文旅小镇，有的造景观、炒概念，有的不具备产业基础、盲目“跟风”，有的大包大揽，把特色小镇当作融资平台。然而，没有特色产业支撑，聚不起人气，造出的新镇可能会变“空镇”。一些地方城镇化“摊大饼”，就尝到了这样的教训，现在该引以为戒了！

4. 村民意识形态上盲目喜新厌旧

在广大农村，许多基层干部、村民在观念上片面把“破旧”视为“立新”，把城市形态视为现代化形态。有相当一部分人由于对古村落文化遗产的历史、艺术价值和不可再生性知之甚少，于是他们把老民居、古村落视为贫穷落后的象征。随着人民生活水平的提高，村民也为了更舒适的居住需求，弃旧房、盖新房，然而现代的砖混结构的房子和石头房子形成强烈反差，严重破坏了古村落的整体建筑特征的完整性。特别是一些村民，在古建筑修缮过程中，一些珍贵的古村落建筑也因其破旧、不“实用”、不“值钱”，而被随意毁坏、拆除或买卖。

通过对以上问题的反思，我们要清醒地认识到乡村振兴，首先要鼓足村民的腰包，这是最基础的。增加村民收入，打破老化的思想，走好开发之路，这也是必然。但合理开发利用乡村资源才是乡村振兴之举。乡村旅游开发是一项涉及社会、自然、经济、文化、环境等方面的综合性观光活动，同样符合可持续发展理念的目标和宗旨。Hunter 于 1997 年提出了可持续旅游的原则：①保证当地人生活水平的提高和生活质量的改善；②能够长期吸引游客的注意力并带动旅游相关产业的持久发展，为当地经济提供动力；③不能只顾经济利益的保障，更要保障承载当地旅游文化资源的物质基础，包括自然和社会两大环境基础。今时今日，依然受用。其中提到了一项重要原则，就是我们现在提倡的“保护性开发”，开发建设的同时要保护好自然、社会以及文化等物质的、非物质的元素，才能避免乡村盲目开发中出现的各种问题。

专家观点

美丽乡村建设与农业、农村可持续发展

“美丽乡村”挖掘了村庄的生态经济资源，依托乡村旅游完成乡村建设，发展“一村一品”培育主导产业，促进各地将生态资源优势转化为经济优势。在建设“美丽乡村”、发展乡村旅游的过程中，良好的生态环境是获得旅游收入的前提，农民为了提高收入，会自发地增强环境保护意识，环境保护的“从长计议”直接变为农民的“立足之本”。“美丽乡村”建设顺应时代的发展，在满足农户日益增长的生活需要的同时，能够有效解决发展与环境之间的矛盾，是保证农业和农村经济可持续发展的必然选择。

——中国人民大学教授　朱信凯

（二）把握好乡村振兴中的“互利共生”

乡村保护与开发。乡村的保护，其保护对象从最初的自然资源、生态环境发展到村落房屋、单体建筑、历史城镇，最后扩展到文化、习俗等非物质文化遗产的保护。因此乡村保护即是以乡村的物质遗产与非物质遗产为对象的防止“乡村本色”遭受自然或人为破坏的活动。乡村开发多指乡村的项目建设、旅游发展等各项经济活动，其目的是让乡村经加固、更新或改造，或通过资源加工利用开展工业活动，或通过迎接游客开展旅游及相关服务业活动，让村民致富，让乡村焕发生机的一种发展方式。关于乡村保护与开发的关系问题，有学者认为“开发”是“保护”的一种方式；也有学者认为存在“保护性开发”；也有学者认为“保护”与“开发”是对古村落两种截然不同的方式，开发即是破坏。

何为乡村保护与开发的“互利共生”？互利共生原本是指两个物种之间有营养物质交换，可以互相依存、依赖、共同获利的共居关系，如固氮菌和豆科植物间的共居同获利现象。而乡村旅游开发过程中，互利共生也是旅游景区与周边环境实现可持续发展、共赢互利的理想状态。比如，在具有历史文化价值或自然遗产价值的地方没有被开发成旅游景点之前，这些地方与周边的环境不会有明显的利益冲突矛盾，两者处于一种相对“和平”的状态。而当这些具有保护研究和开发利用价值的地方被开发成旅游景区之后，旅游景点与周边环境被人为地划分出明显的界线，之前的“和平”状态同时也被打破，两者之间的利益冲突关系开始升温，变成一种互相竞争的存亡关系。此时，如果不能科学合理地处理两者的竞争关系，这种竞争关系就会演变成一种你争我抢的恶性竞争关系。因此，景区与周边环境只有产生互利共生的作用，才能真正实现和谐的持久发展。

景区与周边环境的互利共生作用会带来诸如空间共生、产业共生、经济共生、文化共生等一系列共生现象。空间共生是指景区与周边环境在延续性的空间上实现共存，是一切其他共生现象的基本条件。当游客领略完景区的风景之后来到周边环境的购物区或游乐区时，这些区域可以及时缓解游客在景区的审美疲劳，将游客从历史或自然的空间转移到现实的空间。产业共生是在空间共生的基础上集聚了众多产业的共生现象。在旅游景区周边往往集聚着各种商业活动，如餐饮业、娱乐业等产业。经济共生是在前两者共生的基础上产生的经济现象。旅游景区的周边环境集聚的各类商业活动往往会刺激相关产业的形成，进而带动附近居民的就业情况，直接或间接拉动周围区域的经济增长。文化共生是在前三者共生现象发生的基础上自然衍生出来的一种文化现象。一个经营成熟的旅游景区最终与周围的环境形成一种互利共生的和谐氛围，并能走上一条可持续发展的绿色环保之路。

保护与开发，互利才能共生。虽然旅游景区与周边环境从根本上属于完全不同的利益主体，但是在吸引游客刺激游客消费方面，二者具有共同的追求目标，拥有联手合作的可能性。如果旅游景区发展得不错，周边环境的居民也希望能够有更多的游客光顾他们设立的消费场所，直接或间接带动周边环境的经济发展和生活水平。如何能够将结束游览景点的游客吸引到周边环境的消费市场，这需要周边环境与旅游景点的协商合作。如果景区效益不好，景区也不希望周边环境在视觉效果上影响到景区的进一步发展。而在少数情况下如果游客对周边环境的喜爱程度大于旅游景区时，这就需要旅游景区加强与周边环境的联系，能够将游客的游览范围扩大到周边环境，实现一种互生双赢的局面，这是最为理想和谐的状态。因此，乡村振兴既需要开创性的发展，当然也需要保护乡村本身所沉淀下来的优良传统，要平衡好开发与保护这两条腿，才能行稳致远。与民不合拍的开发利用或得此伤彼的创新发展只会给乡村带来次伤害，坚持故步自封的保守主义也不利于乡村现代化的发展。开发与保护是乡村振兴的两只脚，平衡好了两者之间的步调，才能让乡村振兴更加行稳致远。

大力提倡乡村“保护性开发”。对乡村的保护应是绝对的，一切的开发应以保护为前提；保护乡村自然资源，改善乡村生活环境和生态环境，避免以牺牲环境来换取农村经济的短期增速。发掘乡村自身的旅游开发价值，能够更好地引导乡村的经济发展和产业建设，从而进一步提升乡村形象和知名度。因此，乡村保护与旅游产业的有机结合，能为乡村带来可持续的建设发展以及历史文化优势资源的传播扩展，这些都将成为未来乡村振兴进程中的关键点。

（三）把农村建设得更像农村

十多年来，新农村建设的理念和模式一直是“建城市一样的房子，过城里人一样的生活”，这导致了新农村建设普遍存在“单一性、城市化、千村一面”等问题。进行乡村旅游开发，就必须转变这一理念，甚至要颠倒这一理念，坚持“把农村建设得更像农村”，让农村成为真正“望得见山，看得见水，记得住乡愁”。

乡村开发建设，贵在乡村性。2013 年，李克强总理主持召开的国务院会议部署开展现代农业配套改革试验工作，会议指出要“加大对农村公共服务设施和社会保障体系建设投入，注重保护我国农业文明和农村文化特色，探索城镇化与新农村建设协调发展的新模式”。因此，乡村旅游不能脱离农村文化特色，乡村旅游贵在乡村性。乡村性主要体现在“古”“活”“和”三个字上，“古”即有历史，有年代，有文化底蕴；“活”即有传承，有沿革，有历史记忆；“和”即人与自然和谐共存的村落选址与建筑格局，文化与环境相调节适应的传统生计、生活方式，以及古朴的民风、和谐的人居环境等。因此，乡村旅游开发要坚持“最小的人为干预、最大的原乡体验”，依托村庄传统，尽可能保留村庄原有肌理，不进行大拆大建。尽量采用当地的建造材料，充分挖掘村内的旧材料，通过新旧结合，废物换新颜。保留和改造好老房子，赋予其新的生命。尽可能保留各个历史时期的建筑，使之并存于一个村庄，增强村庄的历史厚重感。

专家观点

并不是所有的农村都适合发展乡村旅游

全国农村最多只有不足5%的农村具有赚取城市人“乡愁”钱的可能。哪些乡村能够成为上面讲的5%？一是资源禀赋好的乡村，要么有名山大川等景观资源，要么有稀缺性、唯一性的生态资源；二是具有地理区位优势的乡村，比如位于都市圈环城休闲带的乡村。如果不具备资源与区位方面的优势，大部分乡村的旅游业发展基本只能成为上面讲的95%，很大可能都会亏钱。

——武汉大学教授　贺雪峰

加强特色民居保护。特色民居中隐存的历史记忆、特色方言俚语、宗族传衍等生活、生产方式，其本身具有不可估量的建筑、科学、历史、美术、影视等领域的研究价值，作为一种独特的精神文化内涵，使古村落乡情、乡愁显得厚重而鲜活。日渐盛行起来的乡村旅游无疑为传统村落的复兴注入了一股新鲜活力的血液，让日渐衰落的古建古宅能够有更多的资金和物资得到扶持。特色民居的开发保护不同于单纯的古建筑物的保护，目前特色民居大多都有居民居住和生活，对其进行开发与建设，应在尊重村民、便于村民生活的基础上进行，因为特色民居并不是一堆无人居住、静态的古建筑群，而是鲜活地呈现着民俗、民风的活态、立体的古村落，这样特色民居才更有生机。对特色民居的保护，必须坚持物质和文化相结合，从整体上着手保护特色民居的物质和非物质文化遗产，要充分体现当地居民及其生活方式、生活习惯和社会习俗，旅游者也应遵循当地居民的生活习惯和礼仪民俗，做到入乡随俗，使居住着的居民构成特色民居的动态景观。

农村旅游开发建设离不开“乡土”能人。最近20年间，各地打造了无数乡村旅游项目，但真正成功的项目不多，成为全国乡村旅游典范的更少。成功的项目几乎都不是出自专业旅游规划公司和旅游设计师之手，而是由当地土生土长又见过世面的能人干成的。例如，乌镇从一个不起眼的江南小镇变成一张国家名片，年接待游客近千万人次，旅游收入4.5亿元。这一成功主要源于乌镇能人陈向宏，他是乌镇本地人。再比如说，“关中第一村”袁家村、“浙江最美村庄”何斯路村，这两个村的乡村旅游都是村支书带领村里乡亲边摸索边干出来的，这两人的共同特点是早年在外做生意，成功后返乡当村支书，把多年在外闯荡的经历变成当地旅游开发的智慧。相反的情况是，很多动辄投资数亿、十几亿，交由一流专业旅游规划公司打造的乡村旅游项目，却难逃失败的命运。因此，乡村建设，应该重视乡土人才的作用，尤其要重视那些土生土长、成年后长期在外闯荡的能人，这些人既了解乡村的情况又见多识广，他们最有可能策划出乡村“独有”的原创景点。还要积极邀请村中当地的手艺人进行乡村旅游的开发和保护，根据当地人提出的合理建议和意见对规划方案做出适度的调整和修改，并大力支持当地人恢复乡村原有的传统工艺，形成完整的产业链，丰富乡村旅游的文化资源，实现乡村旅游的可持续。当然，在这个过程中并不能忽视专业人士的意见，可行性分析、具体的项目建设等还是需要由专业设计师完成。

农民是乡村旅游开发建设的主体。本土乡民本身就是乡村旅游发展中不可或缺的人文资源。数千年来活态传承的人居方式、劳动场景、饮食文化、古法工艺、民俗风情，构成了乡村的独特性格与风貌，是最富有人情味的乡村景观。如果乡村旅游没有原住民的参与，就只剩下一个空寥寥的村落空壳。再者，回溯各地推行乡村游经济的初衷，除了源自消费理念的革新与市场需求的变化，更多是为了给乡村发展注入新动能，使农民在家门口就能创业就业，让因劳动力转移而出现凋敝的乡村“复活”。纵观各地乡村旅游开发模式，只有“政府、企业、农民一起”，形成良性共生发展模式，乡村旅游的开发才有可能成功。乡村建设不能以设计师、政府和专家为主体，一旦不以农民为主体，项目注定失败。陕西的袁家村，没有名胜古迹，也没有独特的自然资源，通过打造民俗小吃一条街，每年吸引游客 300 万人次，年营收超过 10 亿元。如此成功的模式，就是抓住了“农民的事要靠农民自己做”这个根本。因此，当地人在可持续旅游发展过程中扮演着非常重要的角色。乡村旅游的理想发展格局应当是本土乡民充分认同并积极参与，在与政府、社会资本、游客等角色多元互动的过程中，释放内生动力，复兴乡村经济，实现乡土再造。

二、发挥自然资源的多重效益

进一步强化乡村的自然资源管理，把保护自然资源和生态环境放在突出位置，重点保护好乡村的土地和矿产等不可再生资源，大力加强乡村林地和水源等绿色生态资源的保护。注重对乡村原本风貌的保护，挖掘特色乡土味道，在此基础上统筹兼顾农村的生产、生活，发挥自然资源多重效益，将乡村生态优势转化为发展生态经济的优势。

（一）盘活乡村资源，实现多元化增值

1. 坚持自然价值和自然资本的理念

劳动和自然共同构成了财富的源泉，自然为劳动提供材料，劳动将材料转变为财富。自然资源参与了价值的形成，故存在着自然价值。自然价值能够带来价值的增值，故存在着自然资本。由于存在着自然价值和自然资本，绿水青山才可以转化为金山银山。习近平总书记指出：“要坚定推进绿色发展，推动自然资本大量增值，让良好生态环境成为人民生活的增长点、成为展现我国良好形象的发力点。”在承认自然价值和自然资本的基础上谋求发展，才能够实现绿色发展。

2. 追求全面的乡村资源价值

乡村振兴要以乡村价值系统为基础，善于发现乡村价值，探索提升

乡村价值的途径。首先，乡村具有的生产与经济价值是乡村价值体系的基础。村落形态与格局、田园景观、乡村文化与村民生活连同乡村环境一起构成重要的乡村产业资源，种植业、养殖业、手工业和乡村休闲旅游业等都只有在乡村这个平台上才能满足人们对美好生活的需求，实现真正的产业融合。其次，乡村具有的生态与生活价值是生态宜居的理想空间。乡村作为完整的复合生态系统，以村落地域为空间载体，将村落的自然环境、经济环境和社会环境通过物质循环、能量流动和信息传递等机制，综合作用于农民的生产生活。再次，乡村的文化与教化价值是乡村治理和乡风文明的重要载体。特色院落、村落、田园相得益彰，特别是诸如耕作制度、农耕习俗、节日时令、地方知识和生活习惯等活态的农业文化，更重要地表现在乡村所具有的信仰、道德，所保存的习俗和所形成的品格。乡村价值的提升一方面可以通过乡村价值放大来实现，如发展地方特色种植业、养殖业和手工业，这种产业具有鲜明的地域特色；另一方面赋予乡村体系以新的价值和功能，如发展文旅农融合产业，把乡村生态、生活、教育等价值转变成财富资源，发展乡村休闲、观光、体验等新兴产业。

知识链接

提供更多优质生态产品

总体上看，我国生态环境质量持续好转，出现了稳中向好趋势，但成效并不稳固。生态文明建设正处于压力叠加、负重前行的关键期，已进入提供更多优质生态产品以满足人民日益增长的优美生态环境需要的攻坚期，也到了有条件有能力解决生态环境突出问题的窗口期。

人民对美好生活的向往是我们党的奋斗目标，解决人民最关心最直接最现实的利益问题是执政党使命所在。人心是最大的政治。我们要积极回应人民群众所想、所盼、所急，大力推进生态文明建设，提供更多优质生态产品，不断满足人民日益增长的优美生态环境需要。

——习近平:《在全国生态环境保护大会上的讲话》(2018年5月18日)

3. 加强耕地资源质量提升

深入实施耕地质量提升计划，扩大实施规模，推广秸秆还田、土壤改良、病虫害绿色防控等综合配套技术。积极稳妥推进耕地轮作试点，加强轮作耕地管理，加大轮作耕地保护和改造力度，优先纳入高标准农田建设范围，实现用地与养地结合，多措并举保护提升耕地产能。全面推进建设占用和工矿企业生产建设活动占用耕地耕作层土壤剥离再利用。加大土地整治力度，大力实施中低产田改造工程，推进高标准农田建设。

4. 进一步盘活森林、湿地等生态资源

实施特色经济林示范基地工程。深化集体林权制度改革，扩大商品林经营自主权，放活对集体和个人所有的人工商品林采伐和运输管理。鼓励各类社会资本通过租赁、转让等方式取得林地经营权，支持经营者兴办家庭林场、股份制合作林场、农村合作组织、龙头企业等新型林业经营主体，培育林业专业大户。鼓励建立生态林场，开展专业化生产经营，并逐步扩大其承担的涉林项目规模。鼓励各类社会主体参与湿地生态保护修复，对集中连片开展生态修复达到一定规模的经营主体，允许在符合土地管理法律法规和土地利用总体规划、依法办理建设用地审批手续、坚持节约集约用地的前提下，利用1%~3%治理面积从事旅游、康养、体育、设施农业等产业开发。

5. 鼓励多种形式的适度规模经营

深入推进农村集体产权制度改革，推动资源变资产、资金变股金、农民变股东，发展多种形式的股份合作。盘活利用农村集体建设用地，允许集体经济组织灵活利用现有生产服务设施用地开展相关经营活动。培育发展家庭农场，提升农民专业合作社规范化水平，鼓励发展农民专业合作社联合社。不断壮大农林产业化龙头企业，鼓励建立现代企业制度。鼓励工商资本到农村投资适合产业化、规模化经营的农业项目，提供区域性、系统性解决方案，与当地农户形成互惠共赢的产业共同体。鼓励金融机构将企业参与生态保护修复情况纳入信用评级。

（二）实施“生态+”战略，打造乡村生态产业链

按照生态振兴要求，实施一二三产业的生态化改造和转型升级。立足本乡本土资源优势，大力发展“生态+”产业，不断延伸农业的价值链，打造乡村生态产业链。推进建立休闲观光、娱乐体验、养生养老产业、农村电商产业等新产业新业态新模式，推动乡村从主要“卖产品”向更多“卖风景”“卖文化”“卖体验”转变。把绿水青山转化为实惠的金山银山，实现百姓富、生态美的统一。

专家观点

如何实现生态产品价值

“生态产品”是生态文明建设的一个重要理念。生态产品来自自然生态系统，无论是原始的生态系统，还是经过人类改造后的生态系统，实质上是一种生态系统服务，具有公共物品性、价值多维性、外部性、持续性等特征。生态产品包括清新的空气、清洁的水源和宜人的气候等。生态产品可以直接被人类消费，也可以通过发展生态利用型产业，生产生态友好型产品，间接实现生态价值。

不管是农村还是城市，生态产品价值都呈上升趋势，需要充分认识生态产品的价值属性，积极探索实现路径，发展生态农业、生态工业、生态服务业，靠创新增强生态产品生产能力，激发绿色发展新动能，通过机制活、产业优来实现百姓富、生态美。

——福建师范大学教授　廖福霖

1. 生态种养

立足当地优势，坚持因地制宜，宜林则林、宜果则果、宜花则花、宜苗则苗，大力推行林果、林药、林苗、林菌等立体种植模式，提高综合效益。通过退耕还果还林工程，积极发展具有区域特色的经济林种植，建设一批林下经济、特色林果、木本油料、苗木花卉等标准化生产基地，提高名优林果产品的生产供给能力，带动农民就业增收。充分发挥林业多种功能，积极推动一二三产业融合发展，大力开发林下种养新模式，建设一批森林公园、观光果园等田园综合体，发展新业态，挖掘网络资源，采用与电商或实体经销商合作的方式把绿色农产品从幕后推到台前。

2. 生态旅游

顺应人民群众对乡村优美风光、生态产品和服务需求不断增长的趋势，正确处理开发与保护的关系，将乡村生态优势转化为发展生态经济的优势，提供更多更好的绿色生态产品和服务，促进生态和经济良性循环。重视培育旅游开发经营者和游客的环境保护意识，开发观光、休闲、度假旅游产品，发展特色旅游产业吸引城市居民来享受农村的绿水青山，积极推动生态环境型乡村旅游发展模式。依托乡村文化历史，挖掘地域文化内涵，用文化增强乡村的魅力；整合地方民族特色和优秀的习俗传统，与乡村现代发展相结合，形成独具魅力的地域文化，依托生态、文化、旅游“三位一体”优势，扩大、丰富产业链。推广耕作体验、原生态生活体验、野外生存体验、动手制作体验、场景体验、文化体验、山水田园体验等一批各具特色的旅游休闲观光景区。实施休闲农业和乡村旅游精品工程，发展乡村共享经济等新业态，推动科技、人文等元素融入农业。

3. 生态健康

顺应人民群众对乡村优美风光、生态产品和服务需求不断增长的趋势，充分利用乡村的自然、生态、气候优势，围绕健康、养老两大领域，提供更多更好的绿色生态产品和服务。聚焦“健康食品、健康医药、健康运动、健康旅游”四大产业，以“大健康”产业统领一二三产业发展，将乡村打造成宜居宜业宜游的健康生活目的地。按照“绿色、生态、有机、野生”的理念，培植具有地方特色和地方优势的食品制造产业，研发一批以植物为主的保健品、生物添加剂等植物产业产品。发展门类齐全的健康俱乐部和智力运动，培育发展健身、漂流、露营、徒步、自行车、山地户外运动、驴友健身等各类体育健康运动俱乐部。鼓励具备一定资源条件的乡村，打造以温泉康体养生、中医治疗保健、休闲运动健康等为主的大健康旅游。建设一批温泉养生基地、温泉小镇，发展“旅游＋中医疗养”“旅游＋健康运动”，推动温泉旅游产品转型升级。

（三）探索生态资源管护机制

实施乡村生态振兴，必须建立以产业生态化和生态产业化为主体的生态经济体系。产业生态化是指在自然系统承载能力内，对特定地域空间内产业系统、自然系统与社会系统之间进行耦合优化，达到充分利用资源，消除环境破坏，协调自然、社会与经济的可持续发展；生态产业化依据生态学和经济学等的生态服务和公共产品理论，将生态环境资源作为特殊资本来运营，实现保值增值，促进经济与生态良性循环。将生态服务由无偿享用的资源转变为需要支付购买的商品，按照社会化大生产、市场化经营的方式来实现生态服务和生态产品的价值。

1. 实施生态资源管护三级联动网格化体系

按照“属地管理、分级负责、全面覆盖、责任到人”的原则，依照相关法律法规履行生态资源保护责任，实施横向到边、纵向到底的网格化监管体系。将森林管护与野生动物保护、林区地灾监测、林区道路维护、村寨绿化和环境卫生整治、村级旅游景点旅游秩序和环境卫生维护等内容纳入管护职责范围。

2. 注重“三级联动”的运行管理机制

建成县级总社、乡级联社、村（社区）级合作社“三级联动”的运行管理机制，由政府向合作社购买服务，合作社对社员实施管理，避免将管护岗位视为普惠性社会福利，实现劳务增收。注重采用“地方+企业”共管机制，强化对村级合作社的指导、培训、监督、管理、考核等职责，形成专业管护队伍与生态资源管护合作社“共建共管、全域覆盖”的管护模式。

3. 扶贫与生态资源管护结合大力开发生态公益性岗位

从建档立卡的贫困户中遴选生态护林员、湿地管护员等，为贫困家庭增收提供稳定支撑。明确生态公益岗位退出机制，贫困户如在公益岗位上出现以下两种情况之一的应予以退出：一是生态公益岗位从业者本人或家庭成员有其他稳定的、可以确保不返贫的收入来源；二是在岗期间贫困户本人出现重大工作失误、身体不适等不可逆因素。

4. 全民参与，共同管护

通过门户网站、广播、电视、主题宣传活动、宣传牌、宣传册等多种宣传方式，加大《中华人民共和国森林法》《中华人民共和国野生动物保护法》《中华人民共和国自然保护区条例》等相关法律法规的宣传教育工作，提高人民群众的生态保护意识。设立生态管护员工作岗位，鼓励当地群众参与生态管护和管理服务。

典型案例

山东省滨州市狮子刘村：深挖乡村自然资源价值

山东省滨州市滨州经济技术开发区杜店街道狮子刘村位于南海水库西岸，全村147户、580口人，村盘占地100亩左右。地处黄河、滨州南海与秦皇河的交汇处，诸水环绕，四时之景各有不同，虽身在北方平原，却犹如一幅缓缓舒展的江南画卷。狮子刘是典型的平原村，没有名山大川，没有孔孟老庄，缺乏吸引人的旅游资源。几年来，通过发现并挖掘乡村自然资源价值，实现了多元化增值。

打造生态宜居美丽新乡村。不仅建设了无害化卫生厕所，家家户户还用上了天然气。没有垃圾，没有臭气，生活环境得到极大改善，人们的幸福指数都提升了。家家户户绿树环绕，慕名来狮子刘村参观的人越来越多。

挖掘自身资源价值，发展生态旅游

村子里每家每户都是传统的四合院设计，院落干净整洁，北屋为正房，东西为厢房，与大门相连的是南屋，独特的乡村古院落是吸引游客的重要招牌。除此以外，收集整理好的像纺线车、织布机、胶皮车、石碌碡、石碾、轱辘、牛车等农用老物件也让人大开眼界，通过真实的农业生产用具展示，再现农村生活场景；利用木材、石材、铜制、稻草、土坯等材料，用情景雕塑和一些景观小品，再现农村春耕、夏耘、秋收、冬藏的四季生产场景……这一幕幕曾经无比熟悉的场景再现，让狮子刘村的民俗味更足，也让关于乡村的记忆复活了。洁净宽阔的水泥路四通八达，清新亮丽的民居错落有致，恬静优美的农家庭院如诗如画，依水而建的花海孕育着勃勃生机。狮子刘村依托生态旅游，从一个普通农业村转变为全国文明村。

做大做强当地特色文化品牌

注重唱响文化旋律，借助艺术工作室、非遗艺人入驻和开展各类文艺展演活动的优势，彰显古老黄河文化特色魅力。以黄河大米、黄河鲤鱼、狮子刘馒头、莲藕、优质棉等黄河沿岸民俗特产为重点，创新实施民俗展示、体验、消费。围绕打造“黄河乡居”特色品牌，基于地域历史和文化特色命名了村内狮佑街、福抱路、稻蛙街、白鹭胡同等街巷名字，充分赋予文化内涵。村子还创作推出了“五宝圆梦”黄河小子、黄河丫头、黄河龙狮、黄河稻蛙、黄河锦鲤五个黄河乡居生态旅游吉祥物造型，分别赋予勤劳勇敢、朴实善良、平安吉祥、快乐健康、进步超越象征意义。狮子刘村生态旅游从单一休闲型向集文化、娱乐、创作等为一体的复合型转变，品位和档次显著提升，品牌竞争力和影响力不断增强。

这样一个没有秀美山水、没有名人逸事的郊区村落，这里的村民不仅留住了旧村还开发了旧村，随着狮子刘村日新月异的变化，他们要在这土生土长的黄河岸边长久生活下去，让这座生态美丽的村落更加宜人。

（《大众网》2018 年 6 月 1 日）

三、打造保护性开发精品模式

保护性开发是指在某一特定时间段内，为达到更好保护的目的，针对某一地区所具有的特殊自然、社会文化等景观，通过政府、专家及社区等多方参与，以跨学科合作的方式做出的合理开发。保护性开发的目标是，在不破坏区域传统特色的前提下更好地进行保护，同时促进区域特色景观的发展，实现被开发地区自然、经济、社会、文化的整体协调发展。保护性开发，保护是核心，开发为外在表现。

（一）田园综合体

田园综合体的缘起与发展。2012 年，田园东方创始人张诚结合北大光华 EMBA 课题，发表了论文《田园综合体模式研究》，并在无锡市惠山区阳山镇和社会各界的大力支持下在“中国水蜜桃之乡”的阳山镇落地，实践了第一个田园综合体项目——无锡田园东方。在项目不断探索的第四个年头，2016 年 9 月中央农办领导考察指导该项目时，对该模式给予高度认可。2017 年中央一号文件提出支持有条件的乡村建设以农民合作社为主要载体、让农民充分参与和受益，集循环农业、创意农业、农事体验于一体的田园综合体。2017 年 2 月财政部下发通知，要在河北、山西等全国 18 个省份开展田园综合体建设试点。党的十九大报告进一步指出要推行乡村振兴战略，而实现乡村振兴与美丽乡村建设的关键就是田园综合体的建设，田园综合体上升为国家战略。

何谓田园综合体？田园综合体是以田园景观和农业生产为基础，以综合开发为手段，集现代农业、休闲旅游、田园社区为一体的乡村综合发展模式。田园综合体实质上是“田园”与“综合”的合体，在保障乡村与自然和谐发展的基础上，实现农业、加工业、服务业的有机结合，在有限的空间里充分融合乡村的产业功能、休闲功能、文化功能、社区功能，构建农业发展新动能，重塑中国乡村的美丽田园。田园综合体是城乡一体格局下，顺应农村供给侧结构性改革和农村产权制度改革的一种新型产业发展模式，目的是要通过旅游助力农业发展、促进三产融合，综合化发展产业和跨越化利用农村资产，以农民充分参与和受益为核心的一种可持续性模式。

知识链接

培育宜居宜业特色村镇

围绕有基础、有特色、有潜力的产业，建设一批农业文化旅游“三位一体”、生产生活生态同步改善、一产二产三产深度融合的特色村镇。支持各地加强特色村镇产业支撑、基础设施、公共服务、环境风貌等建设。打造“一村一品”升级版，发展各具特色的专业村。支持有条件的乡村建设以农民合作社为主要载体、让农民充分参与和受益，集循环农业、创意农业、农事体验于一体的田园综合体，通过农业综合开发、农村综合改革转移支付等渠道开展试点示范。深入实施农村产业融合发展试点示范工程，支持建设一批农村产业融合发展示范园。

——《中共中央 国务院关于深入推进农业供给侧结构性改革加快培育农业农村发展新动能的若干意见》（2016 年 12 月 31 日）

田园综合体的基本开发模式。一是“农业＋产业园区”，该发展模式以乡村所在地资源为导向，以集聚效应为支撑，强调产业的规模化、园区化，构建趋于成熟完善的乡村产业体系。二是“农业＋生态观光和休闲体验”，该模式以乡村自然资源为依托，强调与旅游业的融合与协作，注重生态环境的原生性保留和特色保护，以田野观光和休闲体验为核心，打造具有外向吸引力的田园综合体。三是“农业＋文化创意”，该模式下的村庄建设以农业为基础产业，文化创意产业为主导，通过乡村生态环境质量的提高、多方资本的引进来打造文化创意式的乡村综合体。

田园综合体的发展路径。一是做强特色农业，强化产业融合。以农业发展为基础，根据地区的地域优势、自然资源优势，发展壮大特色高效农业，利用先进技术、管理经验等，通过农业生产将产业、生态、文化进行深度融合，做大做强特色产业优势。不能单纯重视农业或是旅游业，要“双管齐下”，综合建设，加快促进农业产业与旅游、养生、文化等项目多元耦合，承办培训、农业科普、速降竞赛、大学生创业等活动，推进农旅深度融合，培育地区特色新产业新业态，建成要素齐全、功能多样的田园综合体。强调产业效益突出，辐射能力强，带动当地农民就业增收。二是抓好规划设计，注重新产业新业态培育。田园综合体规划不是单一的农业园区规划，而是各种元素高度关联的综合性规划，必须坚持规划先行、多规融合，突出规划的前瞻性和协调性，在开发中保护，在保护中开发。要站位高，有前瞻性和可行性，找准发展定位，将当地的人文美与自然美有机统一。必须因地制宜，注重当地的历史文化和民俗风情，不能生搬硬套，简单复制，要将当地村民生产生活真正融入田园综合体建设中，提升吸引力，增强田园综合体的可持续发展能力。三是搞好宣传推广。在信息爆炸的年代，好东西如果不宣传、不推广，就很难形成足够的市场认知度。要广泛宣传、强势推广。在新媒体时代，积极利用微博、微信、客户端等新兴媒体的优势，加大对田园综合体建设的宣传力度，唱响品牌、提高知名度，增强吸引力，扩大影响力。积极做好与旅行社的协作，以及与国内、国外旅游企业的沟通，要不断拓展旅游市场。同时，鼓励村民积极参与乡村旅游建设，引导游客对不足之处献计献策。

专家观点

乡村生态宜居：规划与引“智”应同时抓

农村会随着城镇化的推进自然消亡一部分，保留下来的往往是具有特色，适合人们长久生产生活的乡村。这就要求地方政府要因地制宜做好规划设计，采取有效措施把“智”引进来，有效地规划未来的宜居生态。一方面是加强规划设计。规划要有区域全局性，要充分调研和前期统筹规划，处理好生态保护与经济发展、文物保护与经济发展、产业规划与区域特点等关系，使生态宜居更加科学、更加具有可操作性。规划要有多样性，每个村子都有自己的风俗文化和资源禀赋，要有自己的特色，不搞“千村一面”。另一方面是积极引“智”，吸引有专业的青年人来乡村创业。地方政府要制定人才战略，在金融信贷、农业保险、工商税务等方面给予政策扶持，吸引人力资本，特别是年轻人参与进来。

同时，要吸引有实践经验的社会资本来乡村合作开发。由于初期乡村建设在运营资金、管理人员以及营销策划等方面都缺乏，所以可以借助社会力量，成立股份制公司，让村子的资源变成资产，村民变成股东，一起来保护与开发。

——中国社会科学院农村发展研究所副研究员 王昌海

（二）特色小镇

特色小镇的源起与发展。特色小镇发祥于浙江，2014 年在杭州云栖小镇首次被提及；这种在块状经济和县域经济基础上发展而来的创新经济模式，是供给侧改革的浙江实践。2015 年 12 月底，习近平总书记对浙江省特色小镇建设作出重要批示："抓特色小镇、小城镇建设大有可为，对经济转型升级、新型城镇化建设，都大有重要意义。浙江着眼供给侧培育小镇经济的思路，对做好新常态下的经济工作也有启发。"2016 年，住建部等三部委力推、三部委联合发布《关于开展特色小镇培育工作的通知》，特色小镇建设开始向全国推广，政策实践进入初步推广期。但在政策推行中，各省出现了理解不清、定位不准、急于求成、盲目发展以及市场化不足等问题，特别是出现了一些地方政府大包大揽和房地产化的苗头，为此国家发展改革委等四部委联合发布了《关于规范推进特色小镇和特色小城镇建设的若干意见》，此文件出台标志着特色小镇的政策实践进入修正纠偏期。2016 年 10 月 11 日，印发的《关于公布第一批中国特色小镇名单的通知》，公布第一批 127 个国家级特色小镇名单。2017 年 8 月 22 日，印发的《住房城乡建设部关于公布第二批全国特色小镇名单的通知》，公布第二批276个国家级特色小镇名单。截至2018年2月，全国两批特色小镇试点403个，加上各地方创建的省级特色小镇，数量超过2000多个。从小镇数量来看，浙江省、云南省与湖南省位列前三名，特色小镇数量分别达到了315个、211个、105个。

何为特色小镇？特色小镇是聚集新产业、培育新业态和新模式的载体，产业上坚持特色产业、旅游产业两大发展架构；功能上实现“生产 + 生活 + 生态”，形成城乡一体化功能聚集区；形态上具备独特的风格、风貌、风尚、风情；机制上探索以政府为主导、以企业为主体、社会共同参与的创新模式，是集产业链、投资链、创新链、人才链、服务链于一体的创新生态系统。通过培育和打造不同类型和题材的特色小镇，不仅能够成为推动我国经济社会高质量发展的助推器，同时还能成为传承和弘扬优秀文化的根据地。特色小镇建设对于推动乡村振兴，促进城乡融合发展，推动供给侧结构性改革、加快经济转型升级都是重要抓手之一。

知识链接

特色小镇贵在“特”

特色小镇贵在“特”字，这就要求其规划需要有创意、策划、设计甚至营销的思维。特色小镇发展要不拘一格，最重要的是要有自己的“特色”，通过产业集聚来带动人口集聚，并支撑城镇化的发展，这才是特色小镇发展的核心。

国外特色小城镇的基本特征是环境宜人、地价低廉、基础设施完善，注重发展特色产业。这类小城镇凭借自身的特色资源或地理区位优势，以某一类主导产业为支撑，带动当地的经济社会发展，甚至成为企业总部基地，如瑞士小镇沃韦是雀巢公司总部所在地。相较来说，中国的特色小镇具有更加丰富的文化特性和历史传承，具有区位特色、产业特色、功能特色等。特色小镇的建设需要创新，一定要以产业为先，特别要注重文化特色的传承和创造，不要盲目模仿国外小镇，也不要总是抄袭马头墙等传统建筑形式。打造特色小镇要充分挖掘、整理、记录当地的传统文化，合理运用当地的特色文化和资源，做到产城融合。

（《人民日报》2018 年 9 月 17 日）

选择合适的经营模式是推动特色小镇建设的重要突破点。住房城乡建设部政策研究中心谢海生副研究员，在理论研究和案例梳理基础上，总结经营模式的相关问题，依据地方实践，提炼出四种典型模式，具有极好的借鉴参考价值。一是政府主导的内生型特色小镇经营模式。对于内生型特色小镇，它已经有一定的产业基础和特色资源，需要在此基础上搭建经营平台，常见的模式之一是政府主导这个经营过程。政府通过对独有的内生型资源进行挖掘和配置，主导特色小镇的经营平台，其中湖南省浏阳市大瑶镇是典型代表。二是政企合作的内生型特色小镇经营模式。由于“乡财县管”，镇级政府的财政实力有限，并且在管理经营上相关专业化企业更具优势。但小镇规划、建设、发展、运营一系列流程都离不开政府的支持，所以另一种典型模式是相关专业化企业与政府合作，成立专门的机构（平台公司）经营特色小镇，平台由政企合作推动实现，其中代表性的案例是乌镇。三是政府主导的外生型特色小镇经营模式。对于外生型特色小镇，它原不具有特色资源和产业优势，完全依赖外来投资打造，其中，政府是重要参与者，主导其建设、经营和产业培育全过程，再引入特色产业的经营模式，比如浙江省杭州市的云栖小镇。四是企业主导的外生型特色小镇经营模式。政府引导，充分调动、发挥社会资本的作用，由专业化企业搭建平台，待平台成型后再引入企业的经营模式逐渐形成，具有代表性的是华夏幸福公司的产城融合模式。[①]

特色小镇的发展路径。首先，确保“特”字当先。找准特色、凸显特色、放大特色应该是每一个特色小镇规划和建设发展的首要任务。一方面要把人文资源作为打造特色小镇优质软环境的重要抓手，把区域文化融入小城镇的物质基础设施的建设中；另一方面要突出本地特色产业，寻求或培育“特而强”的产业。在此基础上，厘清特色小镇的内涵，立足小镇产业特征、山水资源、地形地貌和历史文化，准确定位发展目标，努力建设特色产业发展的基地、美丽田园的载体，宜居宜游的标本，切实做出“精品”特色小镇。其次，注重“山、水、地”自然要素与交通要素联动。自然资源对于地方来说是可遇而不可求的，山、水、地三大自然要素构建了自然资源的基本框架，以此容易借力打造出极具识别性的景观环境，其一方面可以从视觉上吸引眼球，另一方面也可以从原生态角度入手寻求特色。而从经济要素角度上来看，特色小镇需要在交通上与周边经济发达市镇有良好的连通性，在资源禀赋和产业上有客观的互补性，以此为动力，可以让特色小镇的自然要素与经济要素联动正向

① 谢海生、王艳飞、金浩然：《我国特色小镇建设的经营模式研究》，《建筑经济》2018 年第 8 期。

发展，一方面可以提升其自然要素的传播力和吸引力，另一方面也使特色小镇本身容易吸引更多资本的进入，为特色小镇的规划建设奠定物质基础。再次，“软硬兼施”完善特色小镇综合服务功能。重视基础设施建设，推进城镇生产生活生态功能配套建设、推进必要的城市立体形象建设；也要高度重视管理体制、运营方式、经营模式等的创新。最后，企业是建设的主体，农民是特色的根本。以企业为特色小镇建设的主力军，特色小镇需要大量稳定的资金来源和高效的运营管理手段来推动城镇建设，寻找适合自身当前发展阶段的企业合作，引进先进的管理运营模式，利用优质金融工具来运作特色小镇是必不可少的手段之一。明确企业的主体地位，提高小镇建设和运营的市场化程度，严控房地产化倾向，合理确定住宅用地比例，防范“假小镇、真地产”项目。“农民”“乡土”是特色小镇的灵魂，是特色小镇的重要名片，要把促进特色发展与推动乡村振兴有机结合起来，在政府的引导下更加紧密地同农村、同农民、同农业进行结合，使我们的“三农”走向现代化。

典型案例

浙江省江南药镇的开发建设

江南药镇位于浙江省中部金华市磐安县新渥镇境内，距离磐安县城不到10公里。自古以来磐安便是浙江省中药材之乡，全县境内有药用植物1219种，种类数量占浙江全省68%，同时也是全省最大的中药材主产区。尤其盛产以白术、元胡、玄参、白芍、玉竹为代表的“磐五味”，被誉为“天然的中药材资源宝库”，中国药材城“磐安浙八味市场”是长三角地区唯一的大型药材特产批发地。磐安以此为基础，以浙江省特色小镇为发展契机，打造融“秀丽山水、人文景观、生态休闲、旅游度假、康体养生”于一体的江南药镇。2015年6月，浙江省第一批37个省级特色小镇名单正式公布，以中药材历史经典产业为主导的“磐安江南药镇”名列其中。

功能定位。江南药镇定位为“药材天地、医疗高地、养生福地、旅游胜地”，通过培育中医药健康产业、旅游服务业和养生养老产业三大新兴产业，融产业、旅游、社区、人文功能于一体，建设成为以中草药文化为主、集高端中药产业、旅游度假养生、区域联动发展的特色小镇；塑造一个尊重和传承中国中医药文化、一个人与自然和谐共生、一个可持续发展的精致特色小镇。

功能分区。江南药镇分为三大功能区：一是结合浙八味市场，通过药文化园、养生博览馆、中医药文化特色街区、中医院、康体养生园的建设打造江南药镇的核心区，作为药镇对外服务的主体部分；二是主题展示区，包括中医药主题公园、百草园，以中药材的种植和展示功能为主；三是以中医药产业园建设为代表的产业区。

运营分析。一是政府主导，以产业招商为主。至2017年年底，通过两年的时间，药镇目前有中药材家庭农场52家，龙头企业5家，专业合作社113家。入驻江南药镇市场的销售保健品和中药材加工产品的企业达到了522家，而此前600多家原药销售企业中已经有300多家进行了转型升级，也开始加入到保健品销售行列中，这些都为中药材市场的转型升级以及小镇的特色产业集聚贡献了巨大力量。二是精心打造中草药文化节。为打造原产地品牌，促进产业升级，自2007年开始，以磐安县政府主导打造中国·磐安中药材博览会。

延伸阅读

1. 姜长云等：《乡村振兴战略：理论、政策和规划研究》，中国财政经济出版社2018年版。

2. 彭文静：《生态旅游区游憩资源价值评估》，中国财政经济出版社2017年版。

3. 何爱红：《甘肃自然保护区生态旅游保护性开发》，中国林业出版社2011年版。

深度思考

1. 良好生态环境是农村的最大优势和宝贵财富，在乡村生态振兴中，要让绿水青山成为金山银山，深度挖掘发展潜力，一定要避免乡村盲目开发的问题，那么如何处理开发与保护的关系？

2. 实现自然资源多重效益，就要盘活生态资源价值，在这个过程中如何科学推进产权制度改革？采取哪些更高效、更合理的经营模式？

3. 田园综合体和特色小镇建设中的盲目建设、雷同建设、“无特色”建设等问题如何规避？如何突破？

第八章

建立市场化多元化生态补偿机制

农村是我国重要的生态区，通过限制传统行业的发展来维持绿水青山，为改善全国乃至全世界的环境作出了巨大贡献，同时也作出了巨大牺牲，理应获得其他地方的支持和补偿。因此，生态补偿机制建设是实施乡村振兴战略的有机组成部分，生态补偿的目的在于调整自然资源生态效益提供者和使用者之间的利益关系，是保护自然资源生态效益的一种手段和激励方式。

一、健全资源环境产权交易制度

生态补偿反映的是一种经济利益关系，而现代社会的经济利益关系的基础是产权关系。如果在生态产品产权明晰而且交易成本较低的情况下，就可以通过生态保护区与生态受益区之间的协商，通过开展水权交易、碳汇交易、排污权交易等市场化手段将生态保护的经济外部性内部化。从制度角度看，生态补偿机制要建立在环境产权制度的基础之上，环境产权（或称资源环境产权）是社会发展到一定阶段的产物，它是指行为主体对某一环境资源具有的所有、使用、占有以及收益等各种权利的集合。环境产权最重要的功能是产权界定和产权利益分配。大江大河流域多元主体的产权关系复杂，目前难以通过市场交易形式实现。因此，以生态补偿形式保障区域间、流域内环境产权实现，便成为必然而可行的选择。而以资源环境产权为突破口积极探索市场化生态补偿模式，建立生态服务的市场交易制度，有助于完善生态补偿长效机制。

（一）健全自然资源产权制度

所谓产权，即通过社会强制，对某项经济物品的多项用途，作出有效选择的权利。产权不是一种权利，而是一组权利，包括所有权、占有权、支配权、使用权、经营权、管理权、处置权、转让权、收益权。其中，所有权和使用权是产权的两个基本权利，产权的其他权利都是依附在这两个权利上的权利。

资源环境产权制度是指在资源和环境领域建立一整套包括产权界定、产权交易、产权保护的现代产权制度，对资源环境产权体系中的诸种权利归属作出明确的界定和制度安排，并确保资源环境产权所有人通过一定程序的产权运作而获得产权收益。

资源产权交易就是在资源产权主体之间所发生的资源产权的各项权能及其组合的转让行为，包括资源要素的实体的有偿转让和附着在资源要素上的各种权利关系的有偿转让。在我国社会的长期发展中，自然资源建立在公有产权基础之上，即我国将自然资源作为一种公共物品来使用，资源成为“免费的午餐”。由于自然资源产权制度并没有引起人们足够的重视，资源无价所导致的资源浪费与枯竭，使得人们的生存环境遭到了严重的破坏。而且，也正是由于我国自然资源产权制度尚不健全，致使地区间横向生态补偿制度建设在法理依据、政策导向、动力机制、交易机制、绩效考核等方面面临一系列问题。党的十八届三中全会通过的《中共中央关于全面深化改革若干重大问题的决定》提出了构建归属清晰、权责明确、监管有效的自然资源产权制度。中共中央、国务院《生态文明体制改革总体方案》对健全自然资源资产产权制度作出了系统部署。党的十八届三中全会提出了要建立系统完整的生态文明制度体系，更全面地建立自然资源资产产权制度和用途管制制度，实行资源有偿使用制度和生态补偿制度，推行节能量、碳排放权、排污权、水权交易制度，建立吸引社会资本投入生态环境保护的市场化机制。党的十八大以来，有关水资源、主要污染物和温室气体的交易市场正加速建立和完善，生态要素越来越成为与土地、能源资源一样重要的生产要素。随着我国经济发展的市场化程度日益提高，自然资源的市场供给愈发重要，资源产权制度无论是对于资源的合理利用，还是对于经济的稳健发展，都具有重要的意义。资源产权制度的安排与创新成为改善资源环境，优化资源配置的关键所在。

我国对自然资源资产所有权的规定在原则上是明晰的，而自然资源资产的实际使用人往往是和所有人相分离的，致使地区间横向生态补偿主体和对象在法理上不明晰。因此，要健全自然资源产权制度。首先，注重规范资源使用权的获取和交易渠道。要加强自然资源资产的用途管制，尤其是对生态空间内的自然资源资产，要严格按照用途管制规则进行保护，不能随便改变用途。不断拓宽自然资源资产使用权取得途径，除了划拨、承包经营、颁发许可证外，还可以采取租赁、招标、拍卖、合资、合作、入股等多种形式取得自然资源资产使用权。此外，为避免自然资源资产“占而不用”，还应探索建立并不断完善自然资源资产使用权交易市场，扩大自然资源资产使用权交易范围。其次，保障自然资源资产收益权。在权利约束中，所有权人和使用权人都拥有获得相应收益的权利。鉴于自然资源资产使用人与自然资源资产的密切关系，在界定自然资源资产收益权的时候，理应增加自然资源资产使用人获得生态补偿的权利。在制定地区间横向生态补偿政策时，甚至可以考虑将自然资源资产实际使用人作为地区间横向生态补偿的主要对象，并适当提高自然资源资产使用权收益所占比重，切实保障自然资源资产使用人保护自然资源资产的动力和积极性。

水权交易试点已初现成效。水权交易是较早探索的生态治理市场化尝试，早在我国的“十一五”规划纲要中便提出了要建立国家初始水权分配制度和水权转让制度，2011 年中央一号文件和 2012 年国务院三号文件进一步提出了要鼓励开展水权交易和运用市场机制优化配置水资源，《国家农业节水纲要（2012 —2020 年）》更针对农业领域提出了有条件的地区要逐步建立节约水量交易机制和构建交易平台。2014 年 6 月 30 日水利部下发了《关于开展水权试点工作的通知》，提出在 7 个省区开展水权试点，试点内容包括水资源使用权确权登记、水权交易流转和开展水权制度建设三项内容。2016 年，中国水权交易所正式挂牌成立，截至 2017 年年底，已促成交易 42 单，累计交易水量 14.68 亿立方米。目前已基本建立覆盖省、市、县三级行政区的水资源控制指标体系，已形成多种行之有效的水权交易模式，较为充分地发挥市场在水资源优化配置中的作用，促进水资源向高效益领域的流转。随着水权改革加强，水权制度的不断完善，水权交易行为已开始由小范围的个别案例向全国范围的普遍行为转变。

知识链接

建立完善自然资源有偿使用制度

《关于全民所有自然资源资产有偿使用制度改革的指导意见》针对土地、水、矿产、森林、草原、海域海岛等6类国有自然资源不同特点和情况，分别提出了建立完善有偿使用制度的重点任务。一是完善国有土地资源有偿使用制度，以扩大范围、扩权赋能为主线，将有偿使用扩大到公共服务领域和国有农用地。二是完善水资源有偿使用制度，健全水资源费差别化征收标准和管理制度，严格水资源费征收管理，确保应收尽收。三是完善矿产资源有偿使用制度，完善矿业权有偿出让、矿业权有偿占有和矿产资源税费制度，健全矿业权分级分类出让制度。四是建立国有森林资源有偿使用制度，严格执行森林资源保护政策。五是建立国有草原资源有偿使用制度，对已改制国有单位涉及的国有草原和流转到农村集体经济组织以外的国有草原，探索实行有偿使用。六是完善海域海岛有偿使用制度，丰富海域使用权权能，设立无居民海岛使用权和完善其权利体系，并逐步扩大市场化出让范围。

（二）积极推进环境产权交易

环境产权是指行为主体关于环境资源的占有、使用、转让和收益等的一组权利，即环境参与主体对客体享有的所有权、使用权、占有权、支配权、收益权、处置权等权利，其中，占有权应为第一要义，使用权、可转让权和收益权是核心内容，获得收益是环境产权的最终目的。生态环境问题是一个集自然、经济、社会等诸多问题于一身的复杂问题，环境产权（或称资源环境产权）是社会发展到一定阶段的产物。在推进生态文明建设、全面建成小康社会进程中，环境产权的提出在解决生态环境问题中将发挥有效作用。

环境产权使用的时空性体现在同一区域内的环境产权必须在本区域内、在规定的时间段内分散使用，不能跨区域使用、不能在某一时间点集中使用。以水污染为例，水污染主要对本地区或者下游地区造成严重危害，这种环境产权的空间性要求某一区域内的水污染排放权只能与同一区域内的其他排放主体交易，不能跨区域交易。

环境产权制度创新就是生态利益重新分配的过程，环境资源稀缺性是研究生态利益协调的根本原因，而环境产权制度创新是扩大环境资源供给的根本手段。实现生态利益协调的关键是通过环境产权界定制度创新推动环境产权配置制度创新，实现环境产权交易制度创新，这三者的创新需要环境产权保护制度创新的跟进，最终实现环境产权制度创新。通过培养生态思维方式，建立生态利益观，增加潜在的生态利益，促进生态利益总量发展，满足不同利益主体的多样化需求，并构建合理合法、高效有序的公众参与机制，促进生态利益表达机制的健全。从而推动不同生态利益主体之间、生态利益主体与生态利益客体之间以及同一主体的不同生态利益之间趋于和谐，进而解决各种利益主体在生态领域的矛盾，防止生态利益失调，实现生态利益和谐。

专家观点

建立资源能源环境产权交易体系

要加快建立资源能源环境产权交易体系，建立统一的产权交易市场，对二氧化碳的排放，可借鉴深圳碳排放交易市场的做法，在总结经验的基础上积极推进。建立完善有偿用水机制和水权交易体系，对于水权分配过程中出现的利益冲突和缺陷，可以采用政府调控、区域协调和水权转让机制等方式进行弥补。

——中国光大集团股份公司董事长　李晓鹏

推行排污权交易制度是环境产权交易改革的重要内容之一。在当前大气、水、土壤等环境污染全线告急的情况下，建立排污权有偿使用和交易制度，是一项迫切的、重大的、基础性的机制创新和制度改革。自1988年起，当时的国家环保局就在上海、金华、徐州等18个城市率先进行了排放水污染物许可证制度的试点工作，2004年国家环保总局发布了《关于开展排污许可证试点工作的通知》，在唐山、沈阳、杭州、武汉、深圳和银川开展试点工作。2005年《国务院关于落实科学发展观加强环境保护的决定》提出了运用市场机制推进污染治理，并建议有条件的地区和单位实行二氧化硫等排污权交易。2014年8月国务院发布了《进一步推进排污权有偿使用和交易试点工作的指导意见》，提出试点地区2015年年底前全面完成现有排污单位排污权的初次核定、2017年基本建立排污权有偿使用和交易制度的目标。至2017年，全国共有28个省份开展排污权有偿使用和交易试点，绝大多数省级行政区已将排污许可证制度纳入地方性法规，并制定了规范性文件，排污权交易应是现阶段生态治理市场化的重心。

碳汇交易为生态补偿提供了新路径。中国的碳交易市场经过国际碳市场（即《京都议定书》清洁发展机制项目）的培育，并有欧盟排放交易市场经验的借鉴，相比于其他生态产权市场要成熟。2005 年，实施的《清洁发展机制项目运行管理办法》是中国作为发展中国家参与国际碳市场的开端，并从 2008 年起成为该市场全球最大的供给国。2010 年，国务院下发的《关于加快培育和发展战略性新兴产业的决定》中首次提到要建立和完善碳排放交易制度，“十二五”规划纲要明确要求控制温室气体排放，提出要建立完善温室气体排放统计核算制度，逐步建立碳排放交易市场。2011 年 10 月，国家发展改革委下发《关于开展碳排放权交易试点工作的通知》，批准北京市、天津市、上海市、重庆市、湖北省、广东省及深圳市开展碳排放权交易试点。2012 年 6 月，国家发展改革委发布了《温室气体自愿减排交易管理暂行办法》。除试点和自愿交易工作之外，全国统一碳市场的建设也在快速部署，2013 年，国务院批转发展改革委《关于 2013 年深化经济体制改革重点工作的意见》，其中涉及深入推进碳排放权交易试点，研究建立全国碳排放交易市场，同年，国家发展改革委印发了首批 10 个行业企业温室气体排放核算方法与报告指南。2014 年，国务院还印发了《关于进一步促进资本市场健康发展的若干意见》，碳排放权期货作为重点发展的新型交易工具首次进入官方指导性文件。2014 年 12 月，国家发展改革委发布了《碳排放权交易管理暂行办法》。根据《国家应对气候变化规划（2014 —2020 年）》，在条件成熟的情况下我国将进一步探索与其他国家（地区）开展双边和多边碳排放交易活动相关合作机制，参与构建全球碳市场。2017年12月，国家发展改革委印发的《全国碳排放权交易市场建设方案（发电行业）》，标志着我国碳排放交易体系完成了总体设计，并正式启动。

二、加快完善重点领域生态补偿

耕地、森林、草地及生态保护红线区，由于这些区域所提供资源“产品”本身的投入产出经济效率相对较低，但其生态效益却很大，不仅服务于各种自然资源的经营者，还通过外部性服务于社会公众。只有给予各种自然生态功能的提供者一定补偿，才能确保被补偿区域生态产品产出能力持续增强，以生态保护补偿助推生态建设、环境综合治理，形成与生态建设和环境综合治理的良性互动。

专家观点

应给农民生态补偿让城市反哺农村

“城市像欧洲，农村像非洲”，一句网言网语，鲜明地反映了一定程度出现的城乡发展失衡，统筹城乡发展十分迫切。然而当下，国家越来越重视环境保护和节能减排，对产业发展要求越来越高。在这样的背景下，农村、农民再想走传统工业发展之路走不通了；城市工业发展的很多后果也都转移给了农村。农村、农民为发展作出了巨大贡献，应该让他们享受更多的发展成果。怎样让城市和农村同样富裕又干净？必须建立本地区的生态补偿机制，让城市有效反哺农村。当前，城乡统筹发展最需要做的是给农民生态补偿。

——全国人大代表、苏州市原市长 周乃翔

（一）生态保护红线区

生态保护红线是保障国家生态安全的底线和生命线。在重点生态功能区、生态环境敏感区和脆弱区等区域划定生态红线，这些区域是国家的生态安全重要屏障区域。生态保护红线要尽量做到与地方的生产生活区域不交叉、不重叠，让生态保护红线能够起到真正的严格保护的作用。生态保护红线是我国环境保护的重要制度创新，是改善和提高生态系统服务功能，维护国家生态安全的重要举措。在生态红线保护上，必须时刻保持警醒，如果底线失守，生命线没了，发展也就失去了支撑，想发展也发展不了了。

完善生态红线保护制度体系，让经济鼓励引导。生态保护红线不是“无人区”，也不是发展的“真空区”。对于“有人担心生态保护红线划定会对当地的经济社会发展产生负面影响”，生态环境部自然生态保护司司长崔书红在 2018 年 9 月例行新闻发布会上表示“这种想法是片面的，是不正确的”。生态保护红线划定的过程中制定了严格的技术规范，经科学评估，充分考虑到历史和现状，与当地经济社会发展现状和规划充分衔接，给地方预留了适当发展空间。比如说，生态保护红线当中有一部分是自然保护区、风景名胜区、水源保护区等，这类区域法律是有明确规定的，对一些行为是明令禁止的。除了像这些法律法规有明确禁止规定以外的其他区域，鼓励各地合理利用生态保护红线的优质生态资源，探索生态产品价值实现的机制，把绿水青山转化为金山银山，也就是要实现生态优势向经济优势的转化。

生态保护红线作为生态系统服务功能保护的重要举措，是加大生态保护力度的重要抓手之一，在划定生态保护红线的流域或区域，建立相应的生态补偿机制、探索多样化的生态补偿模式、完善现行以单一行政手段和支付意愿为主导的流域生态补偿模式已迫在眉睫，也是推动生态保护红线政策落实的重要保障。原国家环保部 2017 年 2 月召开的例行新闻发布会中强调，生态保护红线的划定，如果影响了局部的经济利益，就要通过生态补偿来解决。中共中央办公厅、国务院办公厅印发《关于划定并严守生态保护红线的若干意见》，提出“财政部会同有关部门加大对生态保护红线的支持力度，加快健全生态保护补偿制度，完善国家重点生态功能区转移支付政策。推动生态保护红线所在地区和受益地区探索建立横向生态保护补偿机制，共同分担生态保护任务”。

知识链接

健全严守生态保护红线的配套措施

中共中央办公厅、国务院办公厅印发的《关于划定并严守生态保护红线的若干意见》按照事前、事中、事后的全过程管理方式，提出了加快健全严守生态保护红线的配套措施。“事前”确立生态保护红线在国土空间的优先地位，将生态保护红线作为空间规划编制的基础，强调生态保护红线对于国土空间开发的底线作用。“事中”通过建立监测网络和监管平台，强化执法监督，加强生态保护与修复，实现过程严管。“事后”强化评价考核和责任追究，对于保护好的，加大生态保护补偿力度；对于造成破坏的，严格追究责任，实现奖惩结合。

把生态保护红线作为重要的内容纳入流域生态补偿范畴，提高补偿金额，修订补偿制度，建立生态补偿长效机制。一是继续发挥国家重点生态功能区转移支付政策已经形成的良好作用，通过优化完善已有政策推进其对生态保护红线保护的引擎作用。二是考虑生态保护红线占比高的县域与其外围县域之间建立横向生态补偿，形成纵向补偿与横向补偿互补的制度格局，引导生态保护补偿由单一性要素补偿向基于区域主体功能定位的综合性补偿转变。三是应加强生态保护红线与生态产品价值核算，尽快建立以生态系统服务功能价值为导向的科学补偿方式，使资源资本化、生态资本化，使环境要素的价格真正反映它们的稀缺程度。

（二）耕地

耕地是人类不可或缺的自然资源，在耕地的利用上，人们往往只关注耕地的经济属性，对于耕地的社会属性和生态属性的关注还远远不够。随着城镇化的不断推进，导致了土地的功能性消退与总量减少，一是可用于耕作的耕地总量减少，二是耕地质量的下降。而且长期以来，缺乏农村耕地生态保护的奖励机制和约束机制，使人们主动保护农村耕地生态环境的积极性降低，从而造成我国农村地区耕地生态环境恶化程度不断加深，耕地生态功能被严重削弱。保持耕地地力水平，维护耕地生态环境安全成为当务之急。

耕地的生态补偿是实现耕地质量保护的有效途径和必要手段。农村耕地生态补偿是指以保护农村耕地生态环境和实现生态公平为目的，运用市场和政府两种手段，平衡不同主体、不同区域间生态利益与资源利益的冲突，通过资金筹集、政策优待等补偿方式，对为保护农村耕地生态环境作出突出贡献的人、作出牺牲的人及因农村耕地生态环境破坏而受到损失的人进行补偿或奖励，对农村耕地生态环境的破坏者进行收费。耕地生态补偿有利于保护耕地经营者的利益，鼓励经营者保护耕地的积极性，可为土地环境保护提供助力，以期达到农村土地损耗减轻的环境效益，城乡差距缩小的社会效益的双重实现。

2015 年，中央一号文件明确指出健全粮食生产主产区利益补偿、耕地保护补偿、生态补偿制度，稳定推进农村土地改革试点；2016 年，国务院办公厅《关于健全生态保护补偿机制的意见》明确指出了完善耕地生态补偿制度。目前，我国针对耕地保护的法律主要有《中华人民共和国环境保护法》《中华人民共和国土地管理法》，国家层面上的耕地生态保护法律还没有明确的法律法规。另外，农村耕地补贴是以耕地的地力保护为目的，但是还没有与耕地的生态补偿形成对接，这种“一刀切”式的补贴无法达到耕地地力保护的初衷，存在激励作用不明显等诸多问题。总的来看，我国尚未全面开展耕地生态补偿政策，还无法全面形成对耕地质量保护动力，令农户缺少了耕地生态保护的保护意识。

耕地生态补偿，首先，要加强耕地生态补偿的法治建设，使耕地生态补偿有法可循，用法律的手段保障耕地生态补偿制度的建设和实施。

构建地方耕地生态补偿监管机制，使耕地生态补偿实施的每个环节都有有效的监督，并将耕地生态补偿绩效纳入政府考核体系。其次，生态补偿标准的制定，需要以公平、公正为原则，同时注重补偿标准的效率。细化耕地生态补偿的各项核准指标，形成完整的耕地生态补偿判定标准体系。比如对于休耕区域的耕地补偿，需要对农户在休耕工程期间的粮食损失或其他经济作物的直接损失进行全面的计算，同时还要考虑农户在维持休耕地区的生态功能时付出的成本。再次，探索多样化补偿形式，可以用现金的形式进行统一发放，也可以用农业生产材料（种子、化肥、农药）等形式发放。对被开发的种植性土地开发利用的村落可以给予项目上的帮扶、政策上的帮助，帮助其发展经济产业，如兴建大棚发展有机农业等。还可以联合农业院校和研究院所提供智力支持和农业专项扶持计划支持，加快新品种和新技术的推广和应用。还可以实施税收的优惠和财政的帮扶，通过多种多样的补偿形式，提高农户对于保护耕地的积极性。

（三）森林

森林作为陆地生态系统的主体，在维护全球生态平衡、保障国土生态安全、满足人类生活需求等方面发挥着不可替代的作用。但森林生态服务作为公共物品具有外部性，使受益者可无偿消费，而提供者得不到应有的收益，导致森林资源的发展受到限制。

森林生态补偿是由于各种自然资源“产品”本身的投入产出经济效率相对较低，但其生态效益却很大，不仅服务于森林资源的经营者，还通过外部性服务于社会公众。只有给予森林资源生态功能的提供者一定补偿，才能不断提高森林资源保护的积极性，避免因不合理开发利用而导致森林资源生态功能的退化，进而提高森林资源的生态服务功能。通过建立森林生态补偿机制，对森林生态效益的收益方进行收费，通过对参与退耕还林以及生态林建设的主体所付出的超越其义务范围以外的成本进行经济补偿，以拟补其收入损失或提高其经济收益，通过制度的建立以激励单位或个人参与生态林建设，为森林资源可持续发展提供重要保障。

1998年，国家森林生态补偿制度首次在《中华人民共和国森林法》中被确立；随后在国务院颁布的《森林法实施条例》中，森林经营者获得森林生态补偿的权利得到了法律保障；2001—2007年，国家林业局联合财政部颁布了《中央森林生态效益补助资金管理办法》《中央财政森林生态效益补偿基金管理办法》等，进一步规范森林生态补偿机制的资金管理，保障森林生态补偿机制的顺利运行；2010年，《中华人民共和国生态补偿条例》被纳入立法计划促进了森林生态补偿机制的更好的发展。

森林生态补偿机制的构建，首先，要规范森林生态补偿基金的使用，根据《中央财政森林生态效益补偿基金管理办法》，各单位要制定详细的森林生态补偿基金管理办法，建立专项资金，实行专人管理，专款专用，严格把控。其次，要拓宽补偿渠道，除了向使用森林资源的木材加工企业、造纸企业等企业筹集资金外，生态公益林能够在涵养水源、水土保持方面发挥积极作用，故而还可以向水电等收益部门筹集资金，此外，还可以举行林木认领活动，接受有能力的社会各界人士对林木资源的认领，通过这种吸纳方式拓宽资金来源渠道。再次，要完善以政府购买服务为主的公益林管护机制，建立重点生态公益林补偿标准动态调整机制和以森林植被碳储量为切入点的市场化生态保护补偿机制，继续实施国家、省级重点公益林营造、抚育、保护和管理的生态效益补偿。

（四）草地

草地与森林、湿地、河流等，都是重要的生态屏障，是我们赖以生存的基础，保障其良性发展才能促进经济社会的可持续发展。

草地生态补偿是指在综合利用草资源的过程中，对保护草资源的行为主体支付相应的费用，用以鼓励草地地区更多承担保护草地生态环境责任。草地生态系统的主要管理者是农牧民，农牧民从过度放牧或者将草地转化为耕地获得收益，却造成了碳汇丧失、水资源服务减少和生物多样性减少等草地生态系统服务功能的破坏，国家依托退牧还草、退耕还草、草地生态保护补助机制等草地生态建设工程，对因落实草地保护政策而经济受损的农牧民和其他经营者进行补偿，目的是恢复和保护退化的草地生态系统服务。

退耕还草还林工程 1999 年启动实施，是首次大规模带补偿措施的生态工程，开始对粮食产量低、水土流失严重的沙化耕地和坡耕地进行退耕种树或种草。2003 年我国启动退牧还草工程，涉及内蒙古、甘肃、宁夏、青海、云南、四川、新疆等西部省（自治区），通过划区轮牧、封山禁牧、休牧恢复和保护草地生态环境给予项目区农户围栏建设补助、草地补播补助、饲料粮补助等。2011 年在 8 个省份的牧区建立草原生态保护补助奖励机制，退牧还草饲料粮补助也改为草原生态保护补助奖励。

草地生态补偿，首先要依据不同草地类型在空间上所处的生态地位，不同区域草地的主体功能不同，生态补偿的要求和目标也不同。要构建多样化的补偿模式，确定合理的补偿标准，实现公平、公正地分配有限的补偿资源。在制定补偿标准时，可以将不同区域地方经济发展水平、自然环境和农牧户拥有的资源禀赋（草地面积、家畜数量、劳动力数量等）、农牧业生产模式的差异等纳入考虑范围。

草地生态补偿还要处理好草地生态保护、畜牧业生产建设和牧民生活改善的关系，草地生态补偿资金的使用，要以生态建设为根本、改善生计和脱贫致富为目标、适度合理地利用草地资源为条件，使三者维持一种均衡协调发展的比例结构，才能保障草地生态补偿资金的投入取得预期的效果。

此外，草地生态补偿还需结合各地实际，制定合理的草畜平衡、封育禁牧、替代产业和草地建设等方面规划，以避免牧民追求短期利益而影响牧区未来的可持续发展。

三、加快推进横向生态补偿机制

如何处理好经济发展与环境保护之间的关系，一直是我国发展中的主轴问题，特别是对生态脆弱、有特殊生态功能且经济落后的“三位一体”地区来说，其经济生态利益冲突尤为突出。能否有效解决这一问题，不仅关系当地人的利益，更与相关地区乃至全国的生态安全密切相连。如何使这些地区愿意提供并且有能力提供良好的生态环境和服务，需要中央政府及地方省级政府的支持，更需要受益地区政府以横向生态补偿的形式对其进行补偿。

（一）开展横向生态补偿，调节和平衡各方利益

横向生态补偿制度就是通过实施一系列法律、经济和行政手段，让享用生态产品的地区为提供生态产品的地区提供补偿，使适宜提供生态产品的地区（所谓的“受偿区”）专门提供更好更多的生态产品，并补偿其因保护环境而产生的生态保护成本和失去的发展机会成本；适宜人口和经济活动集聚的城市化地区专门提供更好更多的物质和文化产品，并向受偿区支付“成本和机会”损失费用，最终以互利共赢的结果达到保护和改善生态环境的目的。横向生态补偿制度的本质是调节和平衡各方的利益。即以公平为主导，让不同主体功能定位地区之间通过专业化分工和合作实现国民福利的公平共享；兼顾效率，最终实现整个国民福利最大化，以实现全面的可持续发展。

横向生态补偿机制的建立是贯彻新发展理念下区域合作模式的创新，对于促进绿色发展和区域协调发展都具有非常重要的意义。2013 年，党的十八届三中全会明确要求“推动地区间建立横向生态补偿制度”；2015 年，中共中央、国务院印发的《生态文明体制改革总体方案》提出“制定横向生态补偿机制办法，以地方补偿为主，中央财政给予支持”；2016 年，《中华人民共和国国民经济和社会发展第十三个五年规划纲要》也将“建立健全区域流域横向生态补偿机制”作为“十三五”时期的一项重要任务。同年，国务院办公厅印发的《关于健全生态保护补偿机制的意见》中指出要研究制定以地方补偿为主、中央财政给予支持的横向生态保护补偿机制办法，鼓励受益地区与保护生态地区、流域下游与上游通过资金补偿、对口协作、产业转移、人才培训、共建园区等方式建立横向补偿关系。建立横向生态补偿机制，一方面可以弥补国家财政转

移支付与当地生态补偿实际需求的缺口；另一方面可以补偿生态保护区或生态脆弱区因产业转型带来的发展机会损失以及原有产业的劳动力溢出等方面的损失。可以说，横向生态补偿是有效协调山水林田湖草生命共同体内部区域之间关系的有效手段之一。

专家观点

建立健全横向生态补偿机制

横向生态补偿是国际上解决区域发展问题的常用做法，也已经有很多成功的经验可以借鉴。各地可以通过建立区域生态补偿专项基金，专项对生态保护进行补偿。也可以通过建立生态环保基金和政府引导基金，既有利于地区生态环境改善，又有利于产业发展的新兴产业给予支持，培育新的经济增长点。

——中国光大集团股份公司董事长　李晓鹏

横向生态补偿过程中，生态消费区与生态输出区要遵循成本共担、效益共享、合作共治的思路，按照“谁受益、谁补偿，谁保护、谁受偿”的原则，可采用现金补偿、对口支援、水权及碳汇交易、产业园区共建、社会捐赠等补偿手段，实现生态补偿方式的多元化。水权和碳汇交易方式在前面已有论述，这里重点阐述以下其他几种方式。

一是完善生态补偿横向转移支付制度。横向转移支付是发生在不同地区之间，通过同一层级或不同层级但无上下级关系政府之间的横向转移支付进行。相比纵向转移支付，横向转移支付补偿方式更加直接，也更能体现权责利的对等。目前辽宁、山东、浙江等省都已经在行政区内的流域开展生态补偿试点工作，据相关数据统计，2015 年底，各省区域范围内的财政横向转移支付已经超过 850 亿元，对流域范围的生态保护起到了至关重要的作用。但还没有建立全国规范的生态横向支付体系，这方面的工作应加快推进。同时，在横向转移支付中，应考虑不同区域生态功能要素和支出成本差异，通过调整转移支付系数等方式，加大对重点生态功能区特别是中西部重点生态功能区的转移支付力度，提高重点生态功能区和中西部不发达地区的生态补偿标准。

二是要围绕产业合作、劳务协作、基础设施、生态保护等方面开展对口帮扶工作，相关地区依据国家开展对口支援（合作）的“结对”要求开展合作。这类合作以我国对口支援三峡库区合作为典型代表。此外，我国针对西部发展滞后地区如新疆、西藏等也有相应的“结对”要求，要求东部沿海发达地区与西部发展滞后地区“结对”帮扶。

三是积极引导产业园区共建。发挥政府、市场、社会各方面的作用，采用“飞地经济”模式，共同建立开发区，两地干部交叉任职、合署办公，为受偿区寻找发展空间，通过园区合作形成一种自我积累、自我发展机制。比如，流域内的污染项目如果设立在上游地区，则会损害整个流域的生态环境安全，因此可以考虑在流域的下游区域集中设立一些开发区，为一些上游地区不能实施的污染项目提供发展的空间。同时，也要保证整个项目的环境安全指标在可以接受和控制的范围之内。

专家观点

建立市场化多元化生态补偿机制

目前多元化补偿方式尚未形成，基金来源单一，从受益部门、企业和单位，乃至跨地区、跨省份得到的补偿较少。《关于健全生态保护补偿机制的意见》的出台是全面深入推进生态文明体制改革的具体措施，明确提出要推进横向生态补偿是其一大亮点，尝试“啃硬骨头”，是难能可贵的。从补偿关系看，生态补偿分为纵向补偿和横向补偿，前者强调中央政府的职责，后者强调谁受益谁补偿。在现实操作层面，前者更容易，后者更难。

除此之外，生态价值评估标准滞后是我国生态补偿面临的另一难题。补偿肯定是要有标准的，标准从哪里来，就是要依靠生态服务和价值。这就要求加强生态系统服务价值评估理论和方法的研究，尽快出台生态价值评估规范化。此外，要明确生态系统、生态空间的产权主体。

——国务院发展研究中心资源与环境政策研究所副所长　谷树忠

（二）积极发展“造血型”横向生态补偿

造血型生态补偿是指政府或补偿者运用项目支持的形式将补偿资金转化为技术项目安排到被补偿方，帮助受偿区群众建立替代产业以代替之前的低效益、高消耗产业，对生态产业的发展给予适当补助。造血型补偿可以在充分考虑当地群众需求的基础上，通过优惠政策帮助其改变经济结构、经济增长方式，积极寻求各种自然、生态资源多效综合利用途径，增加贫困落后地区的内在发展能力以形成一种造血机能，帮助贫困地区自身实现经济、社会、生态效益的最佳发展。

对于生态保护区域，不能一味依靠“输血”，长期以来，生态脆弱贫困地区脱贫工作的深度、广度、力度和精准度基本上取决于外部“输血量”的多少，一旦输血停止，很容易造成返贫。究其原因是这类区域缺乏有效的造血功能。因此，要加大“造血型”生态保护补偿力度，努力发现受偿区生态资源价值，创新资金使用方式，创新发展模式，激活产业支撑的源头活水，强化自身“造血”机制，才能实现可持续发展。“造血型”生态保护补偿可以为提供生态屏障的欠发达地区构筑一个发展平台和空间，为其提供发展机会，激发其发展潜力，从而调动全社会参与生态建设的积极性，走生产发展、生活富裕和生态良好的文明发展道路。

“造血型”生态补偿可通过以下几种方式展开。

一是积极推动生态产业发展。坚持政府引导、市场主体，将受偿区生态保护的过程演变成生态产品的市场化生产过程，重点发展绿色生态产品，建设一批具有本土特色的生态品牌，努力获得较高的经济附加价值。依托良好自然环境，发展生态旅游业。创建一批国家林下经济示范基地，打造精品森林旅游地、精品森林旅游线路、森林体验和森林养生试点基地。

二是创新融合发展新模式。积极推进林权抵押、林草 PPP、企业自主经营等融资模式，依靠自身收益还款，引导更多金融资本和社会资本投入生态产业扶贫。以资源变资产、资金变股金、农民变股东的“三变”

改革为基础，采用“公司＋村集体＋农户＋互联网”的经营模式，以务工、土地租金、收益分红带动农民脱贫增收，完善利益联结、收益分红、风险共担机制。尝试运用“互联网＋”、PPP 等模式，形成集农业互联网综合服务、生态产品上行业务、生态产业大数据、品牌打造、外部资源下行、特色生态镇村等为一体的产业发展业务体系。

三是探索项目补偿新机制。将补偿资金转化为项目安排到受偿方，引导他们发展其他绿色环保的项目，种植附加值较高的农副产品，帮助受偿方发展替代产业。鼓励引导国家级龙头企业与受偿区合作创建绿色产品品牌、优势产品生产基地，促进产业提质增效，推动农民增收。加强造血补偿机制的培育，把更多的资金投入造血型补偿机制的培育中，以形成对相关保护区域造血功能的激励，逐渐建立适合当地自身发展的长效机制。

四是尝试推行生态产品标签。政府从产品原料、生产和销售方面制定生态标签，凡是申请获得生态标签的企业的产品，由于要求严格，售价可比市面上普通的同类产品高，这样通过吸引消费者付费，实现生态环境的完全市场化补偿。

（三）以横向生态补偿推进精准扶贫工作高效开展

长久以来，贫困地区在国家发展进程中肩负着“生态天然屏障”“资源储备”和“风景建设”等重任，特别在我国的西部地区，生态环境显得尤其脆弱，然而这些地区的贫困面最广，贫困程度最深，深受生态问题和贫困的两面夹击。实施精准扶贫和脱贫攻坚重大政策，是我国实施“十三五”规划、实现 2020 年全部贫困县摘帽和全面建成小康社会目标的历史使命和时代要求。而贫困地区的开发中，如果只强调消除贫困和发展经济，不重视生态环境保护，国家生态安全、资源安全和景观建设将很难保障。如果只强调保护生态环境，不考虑贫困人口的小康进程，也不符合“决不能让困难地区和困难群众掉队”的脱贫攻坚要义。对于贫困地区而言，生态保护是制约其脱贫的重要因素之一，从人与自然和谐发展的角度来看，生态补偿是一种行之有效的扶贫方式，生态补偿式扶贫是对贫困地区居民保护行为的补偿。

生态保护和发展经济，从来都不是相互矛盾、此消彼长的关系，生态保护产生的生态效益应该等同于或大于失去的发展机会产生的经济效益，如果保护区的付出没有获得受益区相应的补偿，生态效益与经济效益差距大，则会产生“保护者受损多，受益者受益多”的不公平现象，不仅导致生态保护工作无法稳定持久开展，还会使保护者陷入“保护生态—丧失发展机会—贫困”的恶性循环。对这些地区的生态补偿必须要考虑到与精准扶贫相结合，要让生态补偿成为实现当地农民脱贫的重要渠道和抓手。

2016 年，国务院办公厅印发的《关于健全生态保护补偿机制的意见》指出：结合保护生态补偿推进精准脱贫，创新资金使用方式，开展贫困地区生态综合补偿试点，探索生态脱贫新路子。2018 年 1 月 18 日，《生态扶贫工作方案》出台，进一步明确加大生态补偿力度，实现脱贫攻坚与生态文明建设双赢。2015 年 11 月，习近平总书记曾在中央扶贫工作会议中对扶贫工作作出了重要部署，按照贫困地区和贫困人口的具体情况，进行“五个一批”工程，并将“生态补偿脱贫一批”作为五项基本内容之一。要用生态补偿的方式让贫困地区的一批人脱贫，通过此种方式来保护该地区的生态环境，这是推进生态保护补偿体制机制创新的重要举措，为生态保护补偿推进精准脱贫指明了方向。

扶贫式生态补偿可通过以下几种方式展开。

一是生态补偿资金向贫困地区倾斜。生态保护补偿资金、国家重大生态工程项目和资金按照精准扶贫、精准脱贫的要求向贫困地区倾斜，向建档立卡贫困人口倾斜。完善公益林补偿、草原生态保护补奖政策，支持开展湿地保护与恢复、湿地生态效益补偿，使深度贫困地区和特殊贫困群体获得更多补助性收入。

二是适当扩大生态保护公益岗位，并向贫困地区倾斜。利用生态保护补偿和生态保护工程、自然文化资源保护资金，使符合条件的部分贫困人口转为生态、自然文化资源保护人员。探索天然林、公益林托管模式，鼓励国家公园、自然保护区、国有林场、森林、湿地、沙漠、地质公园等开放公益岗位，将部分有劳动能力的建档立卡贫困人口优先就近就地参与管护和服务。

三是引导吸纳贫困人口参与生态资源开发建设。加大以工代赈实施力度，建立完善支持贫困农户参与重大生态工程建设、获得劳务报酬的机制。推广育苗造林模式，全面深化集体林权制度改革，赋予贫困户承包经营山林的更多权益，依托林地林木增加财产性、经营性收益。组建一批造林合作社和草业合作社，各地生态修复任务优先向造林、草业合作社安排，鼓励合作社帮助带动贫困人口积极投身造林种草和抚育管护等劳动。

典型案例

新安江流域水环境补偿试点

全长373公里的新安江，源出安徽省休宁县六股尖东坡，流入邻省浙江后，汇成著名的千岛湖长三角地区重要的战略水源储备地。皖浙两省此项跨省合作闯过重重关卡。新安江流域是长三角地区的重要生态屏障，也是生态补偿机制建设的先行探索地。在习近平生态文明思想指引下，2012年，全国首个跨地区生态补偿试点——新安江流域水环境补偿试点正式开展。新安江流域水环境补偿试点工作实施三年来，新安江已成为全国水质最好的河流之一，并将实施第二轮新安江生态补偿机制。目前试点已进入第三轮，显示出有利于新安江和千岛湖水质改善、调动上游地区源头治理保护积极性、缓解经济社会发展与生态环境保护的突出矛盾等积极成效，彰显了完善环境保护经济政策、践行绿色发展的重大制度创新。

充分体现了水资源环境产权的基本要义

一是明确以皖浙省区交界处的街口新安江断面为两省新安江水环境产权边界，明确上下游"受益或受损的权利"之主体，使产权边界和产权主体得以清晰。二是体现产权激励与约束对称的原则：保护得好多补偿、保护得一般少补偿、保护不力则受处罚，凸显了生态保护补偿和环境损害赔偿的耦合。三是充分考虑流域水资源环境具有一定的外部化特征，补偿制度的具体方法采取"以地方补偿为主，中央财政给予支持"，解决了外部化引致的产权交易市场失灵问题。

达成了跨省域“利益共享，责任共担”的共识

2011年9月底，财政部、环保部会同皖浙两省历时两年多研究制定的《关于开展新安江流域水环境补偿试点的实施方案》正式印发。根据补偿试点方案，新安江流域水环境补偿资金为每年5亿元，其中，中央财政出3亿元，皖浙两省各出1亿元。中央财政3亿元每年无条件划拨安徽，用于新安江治理；若两省交界处的新安江水质变好了，浙江地方财政每年再划拨安徽1亿元；若水质变差，安徽每年划拨浙江1亿元；若水质没有变化，则双方互不补偿。

沟通协商机制发挥了重要作用

在试点初期，安徽、浙江两省对水质标准争议最大。浙江对在千岛湖两省交界断面附近的水域划定了饮用水源保护区湖泊二类标准，提出应以湖泊类水水质为基准。安徽认为，河流水质的类水就能做饮用水源地，应以河流水质的类水作为评判基准，应执行河流三类标准。这样争论的背后当然是利益博弈。尽管双方对跨流域补偿有着共同目标，但一旦上升到“真金白银”的分摊投入上，往往“同床异梦”。最终双方都能接受的方案是，把新安江最近3年的平均水质作为评判基准，往后每年的监测数据与之相比；新安江水质变好或是变坏，以此为参照。然而，此事解决了，双方又出现了第二个分歧。评判未来每年交界处的新安江水质，是依照浙江的监测结果还是安徽的？若依浙江，是评判湖泊水质的一套指标；若依安徽，则是评判河流水质的指标。双方妥协的结果是，以街口江段水质自动监测站数据为依据，并参考两省联合监测数据。新安江生态补偿试点的推进正是在这样一次次“分歧—协商—妥协”的循环过程中艰难前行。

新安江生态补偿的现有机制和方法，虽然补偿力度逐步加大，但从精准补偿趋势及其要求看，未来还需要进一步推动补偿标准精细化，也就是完善“补多少更合理”的环境产权利益分配机制问题。产权利益分配的基本原则是投入与回报对称。要适应精准补偿趋势与要求，还必须深化环境产权从界定、价值价格形成到利益分配的系统改革，在操作层面上研制科学的生态环境价值测算、环境保护成本计量以及“对价”补偿机制等技术工具和可行方法。

作为跨流域生态补偿的顶层设计，如法律保障、部门协作、资金支持、机制跟进、技术支撑等方面的制度建设要及时跟进，引导生态保护补偿由单一性要素补偿向基于区域主体功能定位的综合性补偿转变，确保被补偿区域生态产品产出能力持续增强，以生态保护补偿助推生态建设、环境综合治理，形成与生态建设和环境综合治理的良性互动。

四、完善生态补偿的保障机制

生态补偿机制是以保护生态环境、促进人与自然和谐为目的，根据生态系统服务价值、生态保护成本、发展机会成本，综合运用行政和市场手段，调整生态环境保护和建设相关各方之间利益关系的环境经济政策。应从法律制度、标准设计、多元化市场化运营、沟通协商等多方面共同构建生态补偿的保障机制。

（一）尽快完善生态补偿法律法规

现阶段，我国已经构建了比较完整的保护生态环境的法律框架。但生态补偿的立法依然缺位，一定程度上无法满足开展生态补偿实践的现实需求。生态补偿的相关规定分散在各个生态环境保护的单行法中，同时国家层面并没出台统一、规范的生态补偿的法律法规，生态补偿在实践中存在补偿标准不统一、责权利不对称、监管不到位等问题，这会导致生态补偿出现不公正、不公平的问题。

此外，我国生态补偿法律法规还不完善、不系统，相关法律对于政府跨区域共同制定地方性法规的程序不完善，缺乏立法协调机制和起草法案机制。虽然国家已经制定了许多生态环境治理和保护的法律法规，但相关法律条款原则性过强，缺乏可操作性，生态补偿的相关法律法规有待完善。

因此，应加快制定出台生态补偿相关法律法规，规范补偿主体和被补偿主体权责关系，形成同级政府间的横向转移支付谈判的具体规范，最大限度地减少谈判双方分歧，降低谈判成本，提高谈判效率，促进生态补偿横向转移支付方式常态化、制度化。

（二）构建科学合理的生态补偿标准

生态产品的价值主要参考生态产品提供区在生产生态产品时的生态环境投入成本和丧失的发展机会成本。生态产品价值的高低可以反映一个地区的生态重要性程度，并可以在一定程度上为确定横向生态补偿标准提供依据。科学合理的生态补偿标准应该对生态产品价值和失去的发展机会成本进行评估，应该按照生态产品价值的变化情况合理确定补偿标准，即根据生态产品提供区按照补偿方的要求提供更好或更多的生态产品而额外增加的成本确定补偿标准。

此外，现行的补偿标准并没有将地区之间的社会经济差异考虑在内，而是将实施生态补偿工程的各区域和各地区进行一刀切。统一的标准可以更好地实现公平，但将统一的标准在不同的地区或同一个地区内进行一刀切，这样的做法又有失公平。因此，生态补偿标准的制定应该因地制宜。

（三）开拓多元化生态补偿渠道

党的十九大指出，中国特色社会主义进入了新时代，社会的主要矛盾已经转化为人民日益增长的美好生活需要和不平衡不充分的发展之间的矛盾，而我国当前最大的发展不平衡是城乡发展不平衡，最大的发展不充分就是农村发展不充分，这在生态补偿受偿区尤为明显。随着生态保护范围的扩大，生态补偿的成本日益增加，当前财政资金为主导的生态补偿机制弊端日益显现，虽多方筹措生态补偿资金，仍无法填补生态补偿资金的缺口。仅 2017 年中央财政就安排森林生态补偿 533 亿元，退耕还林、还草 211 亿元，草原生态保护 187.6 亿元，轮作休耕 25.6 亿元，四项总计 957.2 亿元，但与生态补偿需求的资金相比仍有杯水车薪之虞。在这种情况下应当扩大生态补偿资金来源，探索多元化、市场化的生态补偿机制，通过市场手段促进资源节约和生态环境保护。①

① 邹学荣、江金英：《建立市场化生态补偿机制的现实路径探析》，《乐山师范学院学报》2018 年第 4 期。

采用政府补偿、市场补偿和社会补偿等相结合的方式。其中，政府补偿主要是政府在财政税收、项目建设和产业发展等方面给予相应的政策倾斜，并制定相关的激励措施等；市场补偿主要指在确定产权的前提下，借助市场机制建立生态资源交易平台，让各个利益相关者间的自愿补偿行为在市场手段的作用下实现，比如，水资源交易和排污权交易等；社会补偿主要以民间各种形式的金融机构贷款与担保、补贴、发行债券、贴息和捐赠等方式出现。

在政府补偿、市场补偿和社会补偿相结合的过程中，应当以政府补偿为引导，出台相关政策和激励措施，以财政奖补资金作为引导，鼓励并吸引银行信贷、工商资本、民间资本及其他社会力量积极参与生态补偿中来，大力拓宽补偿资金的渠道，有效地解决投入需求和投入供给间的矛盾。以市场补偿为平台，促使各方利益相关者达成自愿补偿的共识，以社会补偿为支撑，让社会资金以不同的形式参与其中，使多元化的参与方式生态补偿机制真正有助于我国美丽乡村建设的顺利推进。

此外，还可以考虑建立生态补偿基金。通过从公共财政、环境保护税、社会捐赠等资金中抽取一定部分，建立生态补偿基金。这对于经济欠发达地区生态补偿资金的募集，具有十分重要的意义。建议相关部门对此进行专项调研，研究专项基金募集机制、资金使用范围、使用方式等内容。

（四）完善市场化生态补偿机制

我国还没有以法律的形式出台生态补偿相关的立法，更谈不上对市场化的规制。由于法律没有明确规定，市场主体资格模糊，既造成市场主体利用市场化方式筹集资金的效率不高，又限制了市场化工具的运用。由于市场机制的不完善，市场在配置资源中的循环累积效应难以有效发挥出来。

目前，我国生态补偿试点多数是由生态保护区和受益区的上级政府牵头，通过行政手段推动两者之间开展生态补偿工作。在实际操作中，这种补偿模式往往存在补偿标准偏低、生态保护区利益得不到保障的情况，在一定程度上弱化了生态保护区保护生态的积极性。虽然这种政府主导型模式是符合我国政治体制的，有利于推动横向生态补偿的实践，但受偿区失去了发展机会，发展相对落后，补偿不足和发展受限导致了当地农民、牧民、渔民等相关群众收入减少，生活质量下降。这充分说明了仅仅依靠运用单一的行政手段无法满足利益相关者的诉求，需要引入市场机制，激活横向生态补偿的活力。现阶段市场参与不足主要体现在生态补偿的方式上，以资金补偿为主的单一补偿方式无法满足保护区失去的发展机会，未能对保护区产生长效保护环境的激励作用。

把市场化运作机制引入进来。首先，明确生态补偿区主体的市场主体资格，严格规定好参与方权利与义务，确定监管部门权责。其次，让市场配置资源发挥决定性的作用，建立市场准入制度与竞争性规则，完善产权交易市场并培育发展交易平台。再次，可以利用市场主体资格向金融企业进行直接融资，包括向国有大行、股份制银行、城商行、信用社以及绿色银行贷款。最后，作为市场主体直接发行绿色债券、绿色股票等证券化产品，并探索通过 IPO 或者新三板等进行上市融资。此外，还可以探索绿色生态产品标签制度，考虑建立健全绿色保险等相关配套机制。

知识链接

建立市场化多元化生态补偿机制

落实农业功能区制度，加大重点生态功能区转移支付力度，完善生态保护成效与资金分配挂钩的激励约束机制。鼓励地方在重点生态区位推行商品林赎买制度。健全地区间、流域上下游之间横向生态保护补偿机制，探索建立生态产品购买、森林碳汇等市场化补偿制度。建立长江流域重点水域禁捕补偿制度。推行生态建设和保护以工代赈做法，提供更多生态公益岗位。

——《中共中央 国务院关于实施乡村振兴战略的意见》(2018年1月2日)

（五）健全完善沟通协商机制

由于社会、市场和生态具有复杂性和不确定性，生态补偿本身是一个复杂且庞大的综合体系。在没有统一的法律制度规范下，补偿和受偿的市县所签订协议一般由各政府高层或主管部门进行协商，由于利益复杂，涉及面广等因素，依靠自身协商很容易产生博弈，甚至导致“零博弈”的结果。区际间的生态补偿更是缺乏完善的制度安排，缺乏工作机制和协商机制，协调合作水平不高，无法对横向生态补偿工作进行高效地衔接和管理，导致有限的补偿资金难以充分发挥其生态功能。

因此，在生态补偿实践中需要加强沟通协商，以提高生态补偿的公平性和补偿的效率。也就是说，在生态补偿标准难以量化、主体间发生利益矛盾冲突时，引入沟通协商机制，在充分尊重各自意愿的基础上寻找一个都能够接受的生态补偿方案，最终达成生态补偿意愿。

首先，要保证生态补偿的顺利实施，透明度在行政等级与基层组织的框架内就显得尤为重要。只有通过参与式生态补偿机制，增强透明度，才能有效地遏制不合法规的短期行为，才能充分地体现出生态补偿的公平性和效率性。

其次，要探索建立跨省际的流域生态补偿管理协调机构，不断优化完善流域生态补偿的管理体制，搭建跨行政区域的协商平台和仲裁机制，完善流域生态补偿相关配套制度。

最后，要构建参与式生态补偿机制。一方面，充分发挥受偿区基层党组织的战斗堡垒作用，推动市场化生态补偿机制在受偿区落地生根，在实施生态保护的同时推动经济发展，更好地服务民生、服务群众。另一方面，让广大农民参与到生态补偿工作的制定中来，不仅能够有效地将农民参与美丽乡村建设的积极性和主动性调动起来，还能够通过有效的协商方式克服当前生态补偿过程中补偿标准难以界定的障碍。

延伸阅读

1. 孔祥智等：《乡村振兴的九个维度》，广东人民出版社 2018 年版。

2. 樊辉、赵敏娟：《流域生态补偿：基于全价值的视角》，社会科学文献出版社 2018 年版。

3. 刘桂环、张惠远：《流域生态补偿理论与实践研究》，中国环境出版社 2015 年版。

深度思考

1. 在生态补偿中，生态产品的定价标准尤为关键，如何科学合理地对资源进行评估和定价？

2. 如何构建科学合理的跨区域生态补偿机制？横向生态补偿中，有哪些更好的、可操作的“造血型”生态补偿新模式、新样板？

3. 建立跨流域生态补偿协调机构的可行性如何？

第九章

健全人居环境管护长效机制

生态宜居乡村建设是一项需要全社会广泛参与的系统工程，人居环境管护工作的重点是实现管护的常态化、长效化。政府部门应从资金、人力、技术、制度等方面进行统筹，树立“一盘棋”思想，动员全社会多方面力量参与，协调好各方利益，突出各方优势，进一步构建“政府主导、群众主体、社会参与、市场运作”的建设机制，逐渐形成有制度、有标准、有队伍、有经费、有督察的农村人居环境管护机制，营造凝心聚力持续发展的生态宜居美丽乡村。

知识链接

建立健全整治长效机制

全面完成县域乡村建设规划编制或修编，推进实用性村庄规划编制实施，加强乡村建设规划许可管理。建立农村人居环境建设和管护长效机制，发挥村民主体作用，鼓励专业化、市场化建设和运行管护。推行环境治理依效付费制度，健全服务绩效评价考核机制。探索建立垃圾污水处理农户付费制度，完善财政补贴和农户付费合理分担机制。依法简化农村人居环境整治建设项目审批程序和招投标程序。完善农村人居环境标准体系。

——《乡村振兴战略规划（2018—2022年）》

一、强化组织领导和制度保障

农村人居环境整治是一项系统工程、长期工程，各级党委和党组织必须加强领导，统筹农村人居环境整治、农村自然资源利用、农村基础设施维护等，形成制度安排与环境治理合力，汇聚起社会各方的强大力量。

（一）成立工作指导小组和专设机构

要尽快组建班子，专门成立农村环境长效管护工作领导小组，加大力度，加强指导。环境管护的机构，在县、乡、村三级都应设立，设置农村环境监督管理站，具体负责农村环境长效管护工作的指导、协调和督察、考核。通过“三级”管护体系的构建，努力做到管护的纵到底、横到边、全覆盖。

明确地方党委和政府以及有关部门、运行管理单位责任。在县级层面，应成立以县长为组长，县委、县政府分管领导为副组长，县委办、政府办、组织部、宣传部、农工部、财政局、城管局、水利局等相关科局领导以及各乡镇领导为成员的农村环境长效管护工作领导小组，领导小组可以下设管护办公室，由管护办公室负责具体事项安排。各乡镇（园区）、村委会要成立相应管护中心。在乡镇（园区）层面，各乡镇（园区）都应成立由乡镇长（园区主任）任组长的领导小组；并抽调部门相关人员，组建乡镇农护办，明确分管领导和具体负责人，在县主管部门和乡镇（园区）政府的指导、监督和管理下，具体负责实施管护工作，如招聘管护人员、指导具体工作等。在村级层面，按照行政村（社区）成立管护队，各村管护队明确一名队长，负责本村管护人员的管理，并接受村委会工作指导。

尽快建立人居环境管护官方微信平台。在巡查过程中发现问题，及时将图文上传微信平台，一是方便管理部门领导、各乡镇（园区）领导、管护办人员及时掌握农村环境的动态情况，而且也方便人民群众及时获取政策信息、反映典型问题，人居环境管护就是需要让大家共同关注、共同管理、共同治理。

要规划先行，推进实用性村庄规划编制实施，加强乡村建设规划许可管理，与规划相结合，开展人居环境管护工作。坚持先规划后建设，做到农房建设有规划管理、行政村有村庄整治安排、生产生活生态空间合理分离，优化村庄功能布局，有序开展农村人居环境建设。

（二）建立健全长效管护制度体系

健全管理协调制度。逐步建立完善区市和县级部门生态振兴联系机制、工作通报机制、工作推进机制、督查评估机制、动态管理评估机制5个方面制度。坚持“部门协调配合、各方联合行动”的原则，条块联动、专兼结合、各司其职、各负其责，形成高效权威的综合执法监管机制。健全农村环境基础设施管护的规章制度，鼓励专业化服务组织承担环卫保洁和设施管护。

健全督察制度。要持续强化农村人居环境整治“三大革命”督查检察机制，查漏补缺，补齐农村人居环境短板。可以成立乡村环境监督小组，监督各家各户养成良好的环境卫生习惯。增强环境督察员的责任意识，对督察不力、执纪不严的督察员严肃处理，并与工资报酬紧密挂钩。

健全村民自治管理制度。加强基层党组织建设，发挥好村级组织作用，以村民小组为单位，推行村民自治管理，鼓励村民主动参与垃圾集中排查整治活动。制定村规民约，落实村“两委”工作制度、村务议事制度、村财监督制度和美丽乡村建设项目公示制度；加强宣传，增强村集体组织动员能力，引导全民参与，努力完善“自我组织、自我维护、自我管理”的农村环境综合整治自治模式。在行政村逐步建立和推行垃圾分类、定时收集、清运管理制度。

健全评价考核制度。动真碰硬抓推进，严格奖惩抓落实，建立健全镇办、村（社区）环境检查评比等日常工作制度，建立环境违法举报奖励制度、处罚制度、信息公开制度等，考核结果向社会通报公示。对没有完成目标任务和农村环境长效管护工作不力的乡镇、园区、行政村，进行通报，限期整改；相关负责人不认真、不及时、未有效履行职责的，按有关规定追究责任。将农村环境长效管护工作列入农业农村年终综合考评，考核结果作为工资发放、费用拨付、项目奖励的依据。

健全定期工作例会制度。建立农村环境综合整治例会制度，由农村环境长效管护工作领导小组办公室牵头组织一月一次工作督查汇报会，一季一次专题会，半年一次现场会，推动难点问题解决，督促各项工作落到实处。

二、创新多元化融资共建渠道

要想方设法筹措资金，调动各方资源，保障工作顺利开展。着力构建财政优先保障、金融重点倾斜、社会积极参与的多元投入格局。在资金筹集过程中，要确保不随意举债、不加重农民负担。

（一）加强财政资金有效投入与引导

加大财政资金投入，建立健全推进农村人居环境整治财政投入保障机制，将农村人居环境整治所需资金纳入预算，并根据实际工作需要逐年递增。统一将改善农村人居环境方面的公共服务项目纳入政府购买服务指导性目录，要将购买改善农村人居环境服务资金逐年列入财政预算。同时建立涉农资金统筹整合长效机制，有效整合交通、农业、扶贫、水务等涉农部门项目，确保财政投入与农村人居环境整治目标任务相适应。

规范有序吸引金融资金投入，积极争取政策性金融机构为农村人居环境整治提供信贷支持，支持收益较好、实行市场化运作的农村基础设施重点项目开展股权和债权融资。帮助协调农发行政策性贷款，引导金融机构不断创新涉农金融产品和服务方式，积极参与和支持农村人居环境治理。

充分发挥财政资金“四两拨千斤”作用，采取以奖代补、先建后补等多种方式，充分调动社会资本投入积极性，吸纳撬动更多社会资本参与农村基础设施改善，破解资金制约，全面提升贫困乡村基础设施和公共服务水平。坚持“谁投资、谁建设，谁管理、谁受益”原则，鼓励社会资本参与农村生活污水、垃圾等基础设施建设，鼓励采取政府与社会资本合作等方式将农村生活污水、垃圾中的经营性项目推向市场，进一步拓宽农村环境综合整治投入渠道。

（二）创新融资形式和渠道

充分考虑农民承受能力和意愿，探索建立财政补助、村集体补贴、农户付费与投工相结合的管护经费分担和保障制度。鼓励有条件的地区探索建立垃圾污水处理农户付费制度，完善财政补贴和农户付费合理分担机制。

进一步壮大集体经济，增加经营收入，引导集体经济收入用于农村环境整治。有条件的地方可将农村环境基础设施建设与特色产业、休闲农业、乡村旅游等有机结合，实现农村产业融合发展与人居环境改善互促互进。

实行政府购买服务，探索第三方运维模式。要坚持规范化、常态化，探索专业化、市场化的管护机制，加快培育农村垃圾污水处理市场主体，营造有利的市场和政策环境，吸引社会资本参与农村垃圾污水处理设施投、建、管、运。鼓励专业化、市场化建设和运行管护，有条件的地区推行城乡垃圾污水处理统一规划、统一建设、统一运行、统一管理。早在2016年，湖南就率先启动政府购买服务模式，颁布实施了《湖南省政府购买改善农村人居环境服务管理暂行办法》，提出村庄规划建设、垃圾收运处理、污水处理等领域的公共服务项目，可以交给具备条件的社会力量承担，并由政府支付费用。

此外，还可以引导相关部门、社会组织、个人通过捐资捐物、结对帮扶等形式，支持农村人居环境设施建设和运行管护。倡导新乡贤文化，以乡情乡愁为纽带吸引和凝聚各方人士支持农村人居环境整治。

知识链接

湖南省政府购买服务模式

根据《湖南省政府购买改善农村人居环境服务管理暂行办法》的规定，湖南省政府购买改善农村人居环境服务管理暂行办法应坚持的基本原则有以下几个方面。

1. 因地制宜，循序渐进

按照改善农村人居环境的总体要求和环境治理的阶段性规律，立足现有条件和财力，充分发挥地方自主性和创造性，区分轻重缓急，优先安排保障农民基本生活条件的项目，有序推进农村人居环境治理，防止大拆大建。

2. 城乡统筹，科学规划

加快新型城镇化进程，按城乡发展一体化的指导思想，推动城镇公共服务和市政公用设施向农村延伸。科学制定和实施改善农村人居环境规划，合理选择符合农村实际情况的建设方式和处理工艺，突出农村特色和田园风貌。

3. 政府主导，多方参与

各级政府要积极整合资源，加大财政投入，同时要统筹开展本地区政府购买服务项目的财政承受能力论证，项目财政支出责任累计不得超过本地区整体财政承受能力上限，明确购买服务的规模总量和分期购买的计划安排。有效引导并培育社会力量参与，逐步推进政府购买服务市场化、专业化。坚持农民主体地位，尊重农民意愿，广泛动员农民参与。鼓励银行在风险可控的前提下积极做好金融服务，提供优惠信贷。

4. 公开择优，创新务实

按照公开、公平、公正的原则，完善政府购买服务的各项程序规定。及时、充分地向社会公开购买服务的项目内容、承接主体条件、绩效评价标准等信息，确保社会力量公平参与竞争，择优选定承接主体。承接主体要完善管理流程，创新服务方式，丰富服务内容，加强预算管理和成本控制，提升服务满意度和社会效益。

（三）加强资金管理和监督

县有关部门根据各乡镇行政村数、农业人口规模分配管护资金，并对各乡镇提交的人员报酬发放方案及其他维护经费支付依据等资料进行审查，为县财政部门提供真实的资金拨付依据；负责建立健全农村人居环境管护专项资金管理制度；按预算管理要求，编制农村人居环境管护专项资金支出预算。

各乡镇负责资金的管理、监督，在乡镇财政部门设立资金专账，专款专用，不准用于与人居环境建设不相关的支出。按行政村分别设立台账，保证管护工作及经费支出的真实性，对所有支出和票据的真实性进行把关；并对建设项目申报材料、建设项目情况、建设进度、验收结果的真实性、合规性、完整性以及项目质量进行把关负责。

各行政村要定期张榜公布资金的使用情况，以接受村民监督，同时各村财务监督委员也要担负起监督职能，对出现的问题应及时反映。

三、广泛动员全体农民主动参与

完善农民参与引导机制，增强人民群众生态文明素质和环境保护意识，加强管护队伍建设；发挥农民主体作用，鼓励农民“投工投劳”参与建设管护；鼓励专业化、市场化建设和运行管护，实现村民共建、共管、共治人居环境的良好局面。

（一）做好宣传引导

通过互联网、微信、广播电视、报纸、走村入户等多种形式加强宣传引导，积极向村民宣传生态宜居乡村建设的意义和政策。在各镇（街）建立村规民约、环境维护制度和镇（街）干部包村、村干部包社、社干部及党员包农户制度，努力促使项目、政策等事项的宣传入户到人。依靠群众、发动群众，强化舆论引导，切实转变大家对人居环境综合整治工作的认识，形成齐抓共管的良好局面。

完善生态宜居乡村建设的重要事项科学决策、民主决策的程序制度，切实保障村民的知情权、决策权和监督权，让广大农民认识到乡村振兴是共享改革红利的宏伟工程，引导大家自觉参与到宜居乡村建设中来。

加强“榜样”宣传，以点带面，示范带动。广泛宣传人居环境建设当中涌现出的新典型，树立样板，典型引路，努力凝聚助推农村发展的正能量。比如，评比出“文明清洁村组”“星级文明卫生户”等荣誉称号，召开现场会、推进会，表彰奖励，让农民互相“攀比”，抓点带面，让改善农村人居环境成为群众自觉。

（二）加强管护队伍建设

各乡镇（园区）依据自身规模、自然村庄数量和现有保洁员数量，根据“定人、定岗、定责、定酬”的要求，配足配齐专职保洁员队伍。明确管护人员的岗位职责、包干的相关管护人员姓名、联系方式、管护范围、管护时间以及村内举报电话等，广泛接受群众监督。行政村也要由各村干部牵头，专职做好农村环境长效管护的日常管理工作；管护专职人员严格对照长效管护标准，全面加强区域内农村环境的日常保洁和例行督查。

完善农村基础设施建设管理机制，促进资金效益最大化。一是从源头上保证农村基础设施项目的效益（实用性），避免形象工程的产生和资源（资金、土地、时间和人力）的浪费。二是项目开展过程中，行政村或自然村应成立理事会或者监督小组，坚持及时、公开、严格和广泛参与相结合的原则，监督建设资金的使用和施工质量。三是建立基础设施维护常态化机制，包括专项资金的配套和专门人员的管理。

对管护人员实行动态聘用管理和末位淘汰制，对工作责任心差、不能完成任务的人员及时进行调整，管护人员要登记造册，按有关要求做好相关备案工作。

典型案例

南川区以“人心”为核心的长效管护机制

南川区位于重庆市南部，地处渝黔、渝湘经济带交汇点，属重庆城市发展新区，东南与贵州省道真仡佬族苗族自治县、正安县、桐梓县接壤，东北与武隆县为邻，北接涪陵区，西连巴南区、綦江区。多年来，该区人居环境一直存在着垃圾靠风刮、畜禽粪便污水横流、村容村貌差等农村环境老大难问题。近两年，南川区因地制宜探索出由点到线、由线到面、由村向镇拓展的治理体系，让村庄扮靓颜值提升气质，留住美丽乡愁。

1. 以奖代罚，调动村民环境自治积极性

在大观镇金龙村一个名叫朱家院子的村落，每家每户的大门口都统一摆放着3个垃圾桶，分别标示为可回收垃圾、易腐垃圾和其他垃圾。城市里尚未大面积推广的垃圾分类，似乎在这里率先实现了。村民为啥会主动进行垃圾分类呢？原来，村里开设了

“垃圾超市”，垃圾和农业废弃物可以兑换成生活用品，有实实在在的利益。每季度村里开展一次积分兑换生活日用品活动，当积分累计达到30分兑换拖把1把、20分兑换洗衣粉1包、10分兑换肥皂1块，10分以下的不作兑换，可累计到下一季度兑换，本季度累计分值作为下一季度评选优秀十星级文明户的基础依据。

2. 多渠道创新人居环境整治融资方式

一是在加大政府投入的同时，引导激励机制，鼓励市场资本、社会资本、民间资本参与农村人居环境项目建设，形成多元化、多形式投融资机制。二是积极引导村民投工、投劳、投资，让改善人居环境成为群众的行动自觉，充分发挥农民主体作用。三是整合资源，集中攻坚。采取项目打捆、资金打包，整合农村危房改造、农田水利、通村公路建设等资金，实行集中统一管理，做到渠道不乱、用途不变、统筹安排、形成合力，重点实施房屋改造、道路硬化、卫生改厕、生活垃圾和污水处理等。四是推动农村美与百姓富的有机统一，依托发展现代农业，开发设计乡村旅游产品，重点规划实施特色种养休闲农业项目，打造乡村旅游示范点，塑造特色休闲旅游模式，形成了集“吃、住、行、游、购、娱”于一体的生态绿色产业链。

3. 通过宣传广播和典型示范，让爱文明讲卫生内化为村民素养

在大观镇，垃圾不分类和散养家禽、不打扫卫生、在农田里焚烧秸秆等行为一样都被视为不文明。不文明的后果“很严重”，大观镇安装在各个村口的900多个小喇叭会定期对不文明行为者进行通报，镇里和村里的干部会上门劝导，村里的村民自治组

织“乡贤会”将上门训诫。不文明行为甚至还会受到自家孩子的“鄙视”。该镇开展了“六美示范户”评选活动，按照“庭院洁净美、遵纪守法美、诚实文明美、勤劳致富美、邻里互助美、家风传承美”的标准，定期评选“六美示范户”，并随时进行抽查，不合格者将取消荣誉称号。此外，还采取“道德讲堂”“梦想课堂”“坝坝讲坛”等形式，传播现代文明知识，引导农民改掉落后的生活习惯。通过加大宣传力度，营造人人参与创建、人人爱护环境的浓厚氛围，并发挥农村党员先锋模范作用，身体力行、率先垂范，引领乡村文明新风尚，切实提升农村群众环保意识、文明程度。

（《重庆日报》2018 年 6 月 29 日）

（三）调动农民参与的积极性

上争政策，下聚民意，充分激发村民群众参与乡村建设活动的热情，营造“乡村建设你我共参与”的良好活动氛围。

引导村民积极参与农村人居环境规划、建设、运营和管理的全过程，通过宣传培训、政策引导、教育管理、典型示范、服务指导等各种方式和途径，突出群众作为建设者、受益者的主体地位，把基础设施建设的知情权、参与权、决策权和监督权交给农民，邀请群众代表全程参与基础设施项目选择、建设内容确定、工程质量监管验收，进一步调动农民群众参与基础设施建设的积极性、主动性和创造性，提高群众满意度和支持率，确保各类项目顺利实施，取得实效。

积极探索和建立“村民投工投劳”参与乡村建设的新模式，发挥村民在生态宜居乡村建设中的主体作用。简化农村人居环境整治建设项目审批和招投标程序。在项目审批方面，进一步精简优化，支持村级组织通过“一事一议”等方式让农村“工匠”带头人等承接村内环境整治、村内道路、植树造林等小型工程项目。

组织开展专业化培训，把当地村民培养成为村内公益性基础设施运行维护的重要力量。引导当地农户参与项目建设及运营维护管理，激发农民参与建设美丽家园积极性。

延伸阅读

1. 付翠莲：《乡村振兴战略背景下的农村发展与治理》，上海交通大学出版社 2019 年版。

2. 李艳蒲、穆永海、张秀昌：《乡村振兴与美丽乡村建设》，中国农业科学技术出版社 2018 年版。

3. 权丽华等：《国家治理能力现代化背景下的乡村治理研究》，光明日报出版社 2016 年版。

深度思考

1. 美丽村居建设离不开全体村民的支持与参与，在人居环境管护中，应采取哪些更有效的激励或奖励措施来调动全体村民参与的积极性？

2. 资金困难是大多数乡村基础设施建设、环境治理和管护的瓶颈问题，如何创新多元化融资共建渠道？

后　记

党的十九大首次提出“实施乡村振兴战略”，并描绘出一幅“产业兴旺、生态宜居、乡风文明、治理有效、生活富裕”的壮丽画面。乡村振兴战略是一个关乎农村产业、生态、文化建设等的综合性课题，它超越了产业发展和环境保护的经济范畴，涵盖了经济、政治、社会、生态、文化多个领域。如何让乡村生态回归自然并为乡村振兴提供动力，是具有重要现实意义和深远历史意义的时代课题。

本书在编写过程中，参考和引用了不少专家、学者的学术成果和观点以及中央和地方媒体上的资料，在此致以衷心的谢意。此外，本书的编写和出版，得到了有关单位的大力支持，在此表示衷心感谢！由于时间仓促，本书难免存在不足之处，敬请广大读者朋友批评指正！

编著者

2019 年 9 月